burda

Gemüse

Über 200 Rezepte
von Artischocke bis Zwiebel

Pawlak

Inhalt

Lizenzausgabe 1989 für
Manfred Pawlak Verlagsgesellschaft mbH, Herrsching
© 1982 Verlag Aenne Burda, 7600 Offenburg
Alle Rechte vorbehalten
Redaktion: Veronika Müller
burda-Kochstudio: Ernst Birsner
burda-Fotostudio: Gerd Feierabend
Gestaltung und Illustration: Norbert Schäfer
Umschlaggestaltung: Bine Cordes, Weyarn
Umschlagfoto: Studio Fischer, München
Printed in Italy
by Arti Grafiche VINCENZO BONA s.p.a.
ISBN: 3-88199-509-9

Gemüse in der Küche von heute

Für die Archäologen waren unsere Ururgroßväter Jäger und Fleischesser. Daran ist sicherlich nicht zu rütteln. Unsere Ururgroßmütter haben aber ganz sicherlich nicht nur auf das oft doch sehr unsichere Jagdglück der Männer vertraut und sich und die Ihren darum zusätzlich mit den pflanzlichen Gaben der Natur ernährt. Sie sammelten Gräser, Kräuter, Knollen und Wurzeln. Nicht aus kulinarischen, sondern aus schlicht notwendigen Gründen. Und bereicherten damit die damals ohnehin sehr eintönige Ernährung durch wertvolle Vitamine und Mineralien, die nur pflanzliche Kost dem Menschen geben kann.

Inzwischen wissen wir, daß es gezüchtetes Gemüse seit über 10 000 Jahren gibt. Von den Zeiten an, in denen die Menschen sich in geschlossenen Siedlungen zusammentaten, wurden Haus- und Schlachttiere gehalten, wurde Getreide gesät, wurde Gemüse angebaut. Und seither wurden die verschiedensten Gemüsearten kultiviert, gerieten wieder in Vergessenheit, bekamen neues Gewicht für die Ernährung. Fleisch mußte sich zwar hin und wieder religiösen Gesetzen unterwerfen, der Genuß von Gemüse jedoch hatte oft viel schwierigere Hemmnisse zu überwinden. Mal galten bestimmte Sorten nur als Heilpflanze, mal als Edelgemüse (man denke nur an die unterschiedlichen Rollen, die der von uns heute als Feinstgemüse so geschätzte Spargel „spielen" mußte). Aber unsere „Altvordern" wußten oft gerade wegen des Umwegs über die Apotheken und Kräuterfrauen viel viel mehr über die Bedeutung, die die einzelnen Gemüsesorten für die menschliche Ernährung haben.

Dem üppig tafelnden Adel früherer Jahrhunderte war Gemüse nur ergänzende Beilage, den unterprivilegierten Schichten oft einzige Nahrung. Die

Armen wurden davon sicherlich nicht so satt, wie es für die von ihnen zu leistende schwere körperliche Arbeit notwendig gewesen wäre. Die Reichen wurden dafür wegen des Vitaminmangels mit Krankheiten „bestraft", die wir heute Zivilisationskrankheiten nennen würden. Das sich in den vergangenen zwei Jahrhunderten etablierende Wohlstandsbürgertum mischte beides: Fleisch und Gemüse. Machte aber das Gemüse auch wieder mehr zur Beilage als zum Hauptbestandteil einer Mahlzeit. Allein die bäuerlichen, ländlichen Küchen bewahrten sich ihren Hang zu Gerichten, in denen das Gemüse dominiert. Es ist sicherlich ein Verdienst der neuen ernährungswissenschaftlichen Erkenntnisse und das Verdienst moderner Hausfrauen, die sich diese Kenntnisse zu eigen machen, daß Gemüse heute einen neuen Stellenwert bekommen hat: Nicht nur Beilage zu sein, sondern auch einmal dominierendes Hauptgericht. Als Vorspeise ebenso wie als pikanter Imbiß wird Gemüse immer beliebter. Rund 80 kg Gemüse verspeisen die Bundesbürger pro Kopf und Jahr, was allerdings im Vergleich zu so „klassischen" Gemüseländern wie Frankreich oder Italien noch weit im Abseits liegt. Dort genießt man gut und gerne die doppelte Menge.

Aber der Verbrauch ist steigend. Was sicherlich auch daran liegt, daß sich das Angebot erheblich verbessert hat. Treibhauskulturen, moderne Transportmöglichkeiten und nicht zuletzt auch die reiche Auswahl an Tiefkühlgemüse haben saisonale Probleme fast aus der Welt geschaffen. Auch wenn im Winter viele eigentliche Sommergemüse teurer sind als während der tatsächlichen Saison, unterliegt Gemüse nur einer geringfügigen Preissteigerung im Vergleich zu den sich rapide erhöhenden Kosten für Frischfleisch und Fisch. Auch zwischen den sogenannten Feingemüsen, wie Artischocken, Spargel, Fenchel, feinen Bohnen- und Erbsensorten, und den etwas uncharmant Grobgemüse genannten Kohl-, Wurzel- und kräftigen Bohnensorten klafft eine große Preisspanne. Das liegt zum größten Teil daran, daß wir unser „Grobgemüse" zu etwa 90 % aus den eigenen Landen „beziehen", während gut 60 % des bei uns verbrauchten Feingemüses jenseits unserer Grenzen gewachsen ist.

Gemüse, richtig behandelt

Vorbei sind die Zeiten, in denen man jegliches Gemüse einfach in einen Topf mit reichlich Salzwasser gab, es dann mehr oder weniger seinem Schicksal überließ, und damit als Endergebnis eine musig-undefinierbare Masse auf den Tisch brachte. Gemüse will zart behandelt werden, und diese sorgfältige Behandlung fängt schon mit dem Einkauf an. Nur wenige haben das Glück, einen eigenen Gemüsegarten zu besitzen, der knackfrische Möhren oder Bohnen just dann liefert, wenn man sie braucht. Die meisten Verbraucher sind auf Wochenmärkte und Händler angewiesen. Und damit fängt in gewisser Weise das Dilemma an. Jeder Händler ist daran interessiert, seine Ware an den Käufer zu bringen. Und er hat gesetzliche Auflagen zu erfüllen, die sich aus den Handelsklassenverordnungen oder EG-Handelsnormen ergeben. Da gibt es die Handelsklassen ,,Extra", I, II und III. Nur leider sagen diese Klassifizierungen so gut wie gar nichts über das Innere der Ware aus. Hier wird nach Größe, einwandfreier Form und Wachstum beurteilt. Wo die ,,Extra"-Produkte gewachsen sind, ob im Treibhaus oder auf dem freien Feld, darüber ist nichts vermerkt, und kein Händler ist verpflichtet, darüber überhaupt Kenntnis zu haben. Aber: Freilandware ist nun einmal geschmacklich jedem Treibhausprodukt überlegen, auch wenn das Äußere dies nicht immer vermuten läßt. Fast alle Freilandgemüse sind vitaminreicher als ihre Treibhauskollegen und nicht selten auch zarter. Fazit für den Kunden: Sich seinen Gemüsehändler mit der gleichen Sorgfalt aussuchen wie den Fleischer oder den Fischhändler, denn nur mit einem gewissen Vertrauen kann man die notwendigen Informationen erhalten, und nur aus erstklassigen Produkten lassen sich erstklassige Gerichte zubereiten. Was Gemüse ganz und gar nicht mag, sind lange Lagerzeiten. Die meisten Vitamine und Mineralien beginnen sich schon wenige Stunden nach der Ernte abzubauen. Wenn man dann noch die Zeit hinzurechnet, die die Ware für den Weg vom Erzeuger über den Händler zum Verbraucher braucht, kann man eigentlich grundsätzlich davon ausgehen, daß Gemüse täglich frisch gekauft werden muß. Mehr als 24 Stunden Lagerzeit sind – von einigen Kohlsorten abgesehen – fast eine Sünde, auch im Gemüsefach des Kühlschranks. Wer nur ein- oder zweimal wöchentlich Gelegenheit zum Einkauf von Frischgemüse hat, sollte darum alles, was nicht am selben oder spätestens am nächsten Tag verzehrt wird, sofort dem Gefriergerät übergeben. Sachgemäß vorbereitet und gelagert werden hier die Vitamine am besten geschont.

Der nächste „Schwachpunkt" in der Gemüsebehandlung ist das Putzen und Waschen. Zu langer Aufenthalt im Wasser bekommt außer Blumenkohl und Brokkoli keinem Gemüse, weil die meisten Vitamine und viele Mineralstoffe wasserlöslich sind. Was eigentlich dem Menschen zugedacht ist, befindet sich im Reinigungswasser.

Darum erst unmittelbar vor der Zubereitung möglichst noch vor dem Putzen gründlich, aber kurz waschen. Nicht im Wasser liegenlassen.

Kommen wir nun zum Garen.

Man kann Gemüse in reichlich Salzwasser kochen, man kann es mit etwas Fett und wenig Flüssigkeit schonend dünsten oder man brät es wie Fleisch in Fett an und schmort es dann in Flüssigkeit.

Das Kochen in reichlich Salzwasser ist keineswegs aus der Mode gekommen. Nur die Garzeiten haben sich verändert. Man „kocht" nicht mehr, bis daß das Gemüse seine Farbe ebenso verloren hat wie alle seine wertvollen Nährstoffe. Gekocht wird nur in allerkürzester Zeit, bis das Gemüse eben „al dente", das heißt noch beißfest, ist. Diese Methode wird vor allem bei grünen Gemüsesorten bevorzugt, bei Bohnen, Porree, Erbsen, Brokkoli. Das Gemüse wird dann rasch abgegossen und wenn möglich noch in Eiswasser abgeschreckt, um die Farbe zu erhalten. Damit es warm auf den Tisch kommt, wird es kurz in erwärmter Butter oder Sahne geschwenkt.

Bei gedünstetem oder geschmortem Gemüse wird die Garflüssigkeit am besten als Soßengrundlage weiterverwendet. Ist jedoch einmal zuviel Garflüssigkeit vorhanden, weil man das Gemüse ohne Soße auf den Tisch bringen möchte, sollte man diese nicht einfach dem Ausguß übereignen. Sie kann für Eintöpfe, Suppen oder andere Soßen verwendet werden.

Von wenigen Ausnahmen wie Grünkohl, Weißkraut oder Sauerkraut abgesehen, verliert Gemüse beim Aufwärmen sowohl Vitamine als auch Geschmack. Bei einigen Sorten, wie zum Beispiel Spinat oder frischen Pilzen, ist das Aufwärmen sogar gesundheitsschädigend, da sich während des Lagerns und des Wiedererhitzens Giftstoffe bilden. Darum stets nur soviel Gemüse zubereiten, wie auch wirklich für die jeweilige Mahlzeit benötigt wird (oder einfrieren). Man rechnet im Durchschnitt pro Person als geputzte Beilage 150 g (ungeputzt etwa 200 bis 250 g), als Hauptgericht 400 bis 500 g geputztes Gemüse. Bei Salaten oder Rohkost kann man von 150 bis 200 g pro Person ausgehen.

Die deutsche Küche gewinnt langsam auch international wieder an Ruf. Nicht zuletzt deshalb, weil einige alte Zubereitungszöpfe rigoros über Bord geworfen wurden. Dazu gehört auch die „berühmte" Mehlschwitze für Gemüsegerichte. In den Zeiten, als Fleisch knapp und auch Gemüse teuer war, gab es eine gewisse Berechtigung, Gemüsegerichte mit Hilfe von dicken Mehlsoßen zu einer sättigenden Mahlzeit hochzupäppeln. Doch das ist heutzutage zum Glück nicht mehr notwendig. Zwar sind weder Butter noch Sahne oder Crème fraîche, die unseren Gemüsegerichten den letzten Schliff geben, besonders kalorienarm. Sie vertragen sich aber wesentlich besser mit den meisten Vitaminen der Gemüse. Außerdem heben sie den Geschmack, beleben das Aroma und machen die meisten Gemüse wesentlich bekömmlicher.

9

Gemüsesorten in unserer Küche

Artischocke

(französisch: artichaut, englisch: artichoke)

Eine aus Arabien stammende Distelart, die seit dem 16. Jahrhundert in Italien angebaut wird. Heute kommt sie auch aus Frankreich, Spanien, Israel, Nordafrika und Griechenland. Von den großen Früchten ißt man lediglich den Blütenboden und die unteren fleischigen Blatteile. In Frankreich und Italien werden die jungen Blüten der länglichen, violetten Sorte auch im Ganzen zubereitet. Artischocken werden von Dezember bis April vor der eigentlichen Blüte geerntet. Als Konserve gibt es Artischockenböden und Artischockenherzen von ganz jungen Blüten.

Vorbereitung: Den Stiel unmittelbar unter dem Blütenkopf abschneiden oder abbrechen. Das obere Drittel der Blüte abschneiden, die äußeren, meist holzigen Blätter entfernen. Die übrigen Blätter um etwa ein Viertel verkürzen. Nach dem Kochen die Blätter von der Mitte her auseinanderdrücken, die fleischlosen Jungblätter und das „Heu" am Blütenboden entfernen. Ganze Artischocken werden meist als Vorspeise serviert. Entweder warm oder kalt mit Soßen oder feinen Ragouts gefüllt.

Aubergine

(französisch: aubergine, englisch: eggplant)

Ein mit der Tomate verwandtes Nachtschattengewächs, das auch Eierfrucht, Eierapfel, Albergine oder Melanzane genannt wird. Die Aubergine stammt aus Nordafrika und Asien, wird aber heute im gesamten Mittelmeerraum angebaut. Importe stammen aber auch aus Südafrika, Israel und belgischen und niederländischen Gewächshäusern. Auberginen dürfen grundsätzlich nicht roh genossen werden, zudem entwickeln sie ihre Geschmacksstoffe erst durch Braten, Schmoren oder Dünsten.

Vorbereitung: Von den von drei bis vier Blättern umgebenen Stengelansätzen befreien. Dabei aufpassen, die Blätter haben oft kaum sichtbare aber sehr unangenehme Stacheln. Sollen die Auberginen in Scheiben gebraten werden, empfiehlt es sich, die Scheiben zuvor mit Salz bedeckt etwa 20 Minuten ruhen zu lassen. Mit dem sich bildenden Wasser werden Schadstoffe ausgeschwemmt. Dann abspülen und gründlich trockentupfen.

Bleichsellerie

(französisch: céleri en branches, englisch: celery)

Die auch Stauden-, Stangen-, Stiel- oder Stengelsellerie und englischer Sellerie genannte Kulturform des Knollensellerie (siehe S. 14). Der Sellerie wird durch künstliche Hüllen vor Lichteinwirkung geschützt und zum Treiben gebracht. Die Stauden sind zartgelb und haben weißgelbe Blätter. Bleichsellerie kann roh als Salat oder gekocht als Gemüse verwendet werden. Die

Böden sind die sogenannten Sellerieherzen.

Vorbereitung: Grüne Blätter entfernen. Die Staude in einzelne Stengel teilen. Dicke Stengel entfasern und wenn nötig teilen.

Blumenkohl

(französisch: chou-fleur,
englisch: cauliflower)

Das auch Karfiol, Traubenkohl, Brüsseler Kohl oder Käsekohl genannte, vermutlich in Deutschland am häufigsten verwendete Feingemüse. Blumenkohl ist besonders leicht verdaulich und enthält viel Vitamin C. Meist von weißer, seltener von gelblicher Farbe. Blumenkohl wird vorwiegend als gekochte Gemüsebeilage gereicht, jedoch sowohl roh, als auch gekocht zum Salat zubereitet.

Vorbereitung: Eventuelle Blätter und den Strunk abschneiden. Den ganzen Kohl mindestens 30 Minuten in Salzwasser legen, um eventuell vorhandene Raupen, Schnecken und Käfer zu vertreiben. Wird der Kohl in Röschen zerteilt, kann die Zeit zum Wässern auf 10 Minuten beschränkt werden.

Brokkoli

(französisch: brocoli,
englisch: broccoli)

Eine auch Broccoli, Bröckelkohl, Brokkerln oder Spargelkohl genannte Zuchtform des Blumenkohls mit Röschen auf langen, fleischigen Stengeln. Brokkoli ist meist tiefgrün, kann aber auch leicht violett gefärbt sein. Brokkoli schmeckt besonders würzig, jedoch nur schwach nach Kohl. In Europa wird er vorwiegend in Italien in der Gegend um Verona angebaut. Die USA sind aber auch Importland.

Vorbereitung: Brokkoli nach den Stengeln teilen, gründlich in Salzwasser waschen und in reichlich Salzwasser kochen. Damit die Farbe gut erhalten bleibt, nach dem Kochen in Eiswasser tauchen, dann in etwas Butter erwärmen.

Chicorée

(französisch: endives belges,
englisch: chicory)

Die auch Brüsseler Endivie oder Witloof genannte, im Dunkeln getriebene und daher helle Blattsprosse einer Zichorienart. Angeblich soll sie versehentlich entstanden sein, als im vorigen Jahrhundert ein belgischer Bauer seine Zichorien im Keller vergaß und diese im Dunkeln zu sprießen begannen. Chicorée wird aus Belgien und Holland importiert. Früher war der harte Innenkern der Sprossen extrem bitter, so daß man die Stauden zum Entbittern in Wasser legen mußte. Heute ist dieser Bitterstoff weitgehend weggezüchtet v orden, der verbliebene schwach bittere Geschmack ist recht angenehm. Chicorée wird als Salat und als Gemüse zubereitet.

Vorbereitung: Welke Außenblätter entfernen, den Innenkern mit einem spitzen Messer herausschneiden. Als Gemüse etwa 15 Minuten in Salzwasser kochen.

Chinakohl

(französisch: chou de Chine,
englisch: chinese cabbage)

Eine auch Pekingkohl oder Selleriekohl genannte Kohlart mit geschlossenen keulenartigen Köpfen. Die Heimat des Kohls ist China, heute wird er aber vor allem in Frankreich und Deutschland angebaut. Chinakohl wird oft mit Römischem Salat verwechselt, weil beide Sorten als „Kochsalat" bezeichnet werden. Chinakohl kann als Salat wie auch als Gemüse zubereitet werden.

Vorbereitung: Die äußeren Blätter entfernen, den Strunk mit einem spitzen Messer herausschneiden, den Kohl in Scheiben schneiden, die dann zu Streifen auseinanderfallen.

Endivie

*(französisch: chicorée,
englisch: endive)*

Eine mit dem Chicorée verwandte Zichorienart von meist üppigem Wuchs, die wie krauser Kopfsalat aussieht. Die etwas glattblättrige und fleischige Art wird häufig als Eskariol, die meist gelbe, stark krause Art als Frisée bezeichnet. Seit einiger Zeit kommen Endivien auch im Sommer auf den Markt. Fast alle Endiviensorten haben einen leicht bitteren Geschmack. Endivien werden bei uns vorwiegend als Salat zubereitet. Sie lassen sich aber auch als Gemüse in Butter dünsten.

Vorbereitung: Äußere Blätter entfernen, den Kopf zerpflücken, waschen und gründlich abtropfen lassen. Für Salat in feine Streifen schneiden. Für Gemüse möglichst im Ganzen lassen.

Erbsen

*(französisch: (petits) pois,
englisch: peas)*

Samen eines aus dem Orient stammenden Schmetterlingsblüters, der aber schon seit Jahrtausenden in Europa bekannt ist. Erbsen sind besonders eiweißreich und gehören zu den beliebtesten Gemüsen in Europa. Man unterscheidet: die zarten, jungen Zuckererbsen (auch Kaiserschoten oder Zuckerschoten genannt), bei denen auch die Hülse eßbar ist, die kugeligen Perlerbsen, die auch getrocknet werden, die nicht ganz runden Markerbsen und die osteuropäischen Kichererbsen, die bei uns jedoch nur als Konserve oder getrocknet im Handel sind.

Vorbereitung: Zuckerschoten werden nur von Stengel- und Blütenansätzen befreit, die übrigen Sorten werden vor dem Garen aus den Hüllen gepalt. Getrocknete Erbsen müssen vor dem Kochen einige Stunden in kaltem Wasser quellen.

Fenchelgemüse

*(französisch: fenouil,
englisch: fennel)*

Auch Fenchelknolle, Zwiebelfenchel oder Finocchi genanntes Gemüse aus den stark verdickten Stengeln der Fenchelpflanze. Der Begriff „Fenchel" allein ist irreführend, weil es sich dabei um den scharfen Gewürzfenchel handelt. Fenchelgemüse wird vorwiegend aus Italien und Frankreich importiert. Er kann zu Rohkost und zu feinen Gemüsegerichten verarbeitet werden.

Vorbereitung: Die äußeren „Blätter", sofern sie braune Stellen aufweisen, entfernen. Die Blattstengel mit dem Grün abschneiden. Das Grün mitverwenden, jedoch nicht mitgaren. Die Knollen je nach Größe und Gericht im Ganzen lassen, halbieren oder aber in Streifen schneiden.

Getrocknete Bohnen

*(französisch: haricots,
englisch: beans)*

Unter diesem Oberbegriff lassen sich alle Bohnenkerne zusammenfassen, die es rund um den ganzen

Erdball gibt. Die jeweiligen Trockenverfahren machen sie zu einer sehr wertvollen Dauerkonserve, die auch nach der Zubereitung extrem viel Eiweiß enthält. Die bei uns gebräuchlichste getrocknete Bohne ist die weiße. Aber auch Feuerbohnen und dicke Bohnen aus dem hiesigen Anbau werden getrocknet. Rote, schwarze und unzählige ,,bunkte'' Sorten kommen aus dem Ausland.

Vorbereitung: Getrocknete Hülsenfrüchte (auch Erbsen oder Linsen) müssen vor dem Garen in ausreichend Flüssigkeit, nämlich kaltem Wasser, zum Quellen gebracht werden. Am besten ist ein Verhältnis 1:2. Hülsenfrüchte niemals mit Salz zusammen garen. Das Salz verhindert, daß sie weich werden. Also stets erst die weichen Früchte mit Salz abschmecken.

Grüne Bohnen

(französisch: haricots verts, englisch: green beans)

Unter diesem Oberbegriff lassen sich dicke Bohnen, Schnittbohnen und Brechbohnen zusammenfassen. Jedoch meint der allgemeine Sprachgebrauch damit ausschließlich die zarten Busch- oder Stangenbohnen, die so nach ihrer Wuchsform genannt werden. Dabei unterscheidet man nach der Größe die kleinen Prinzeßbohnen, Delikateßbohnen und die dickfleischigen Brechbohnen. Schnittbohnen sind flach, dicke Bohnen haben eine pelzige Hülse, die nicht mitverwendet wird. Auch die gelbfarbigen Wachsbohnen gehören in diese Familie. Bohnen enthalten einen Giftstoff, der nur durch den Kochvorgang abgebaut wird. Daher nie Rohware verzehren.

Vorbereitung: Heute sind die meisten Bohnensorten fadenfrei gezüchtet und brauchen nur von Stengel- und Blütenansätzen befreit zu werden. Bohnen in reichlich Salzwasser garen, die Kochzeit richtet sich nach der jeweiligen Sorte, sollte aber nicht zu lange sein. Nach dem Kochen abgießen und in Eiswasser abschrecken. So bleibt die Farbe erhalten. Dann in Butter oder auch portionsweise mit Speck umwickelt wieder erwärmen.

Grünkohl

Eine in manchen Gegenden auch Braunkohl, Krauskohl, Blätterkohl oder Winterkohl genannte Kohlsorte, die sich in Süddeutschland nur sehr zögernd als Gemüse durchzusetzen beginnt, in Norddeutschland aber zu den ganz typischen Wintergerichten gehört. Grünkohl schmeckt erst nach dem ersten Frost, durch den die feinwürzigen Geschmacksstoffe frei werden. Die Wuchsform des Grünkohl erinnert an eine kleine Palme, darum wird Grünkohl auch in einem seiner Hauptanbaugebiete als ,,Oldenburger Palme'' bezeichnet.

Vorbereitung: Kohlblätter gründlich waschen und die harten Innenrippen herauslösen. Den Kohl kurz in kochendem Wasser blanchieren, dann hacken und in reichlich Schmalz schmoren.

Gurke

(französisch: concombre, englisch: cucumber)

Ein Kürbisgewächs, dessen Urheimat Ostindien ist, das aber auch in Europa schon seit dem Altertum als Kulturpflanze bekannt ist. Man unterscheidet Salatgurken, Schmor- oder Gemüsegurken und spezielle Einleggurken. Gurken sind ungemein vielseitig zu verwenden: als Salat, für Gemüsegerichte und als Sauerkonserven aller Art. Salatgurken sollten möglichst ungeschält verwendet werden. Vorbereitung: Salatgurken und Einleggurken unter fließendem Wasser gründlich abbürsten. Gemüsegurken schälen, halbieren und mit einem Löffel die Kerne herausschaben.

Karotten
(französisch: carottes, englisch: carrots)
In manchen Gegenden die allgemeine Bezeichnung für Möhren. „Echte" Karotten jedoch sind eine kleine, fast runde Möhrensorte von kräftiger roter Farbe und vollem Geschmack, die es nur im Frühsommer frisch gibt. Sie werden als Feingemüse häufig mit anderen delikaten Sorten, wie Spargel, jungen Erbsen, Prinzeßböhnchen oder Champignons, gemischt. Vorbereitung: Karotten werden geschabt und von Stengel- und Wurzelansätzen befreit. Entweder in reichlich Salzwasser kochen oder mit Salz, Zucker, Butter in wenig Wasser dünsten.

Knollensellerie
(französisch: céleri rave, englisch: celeriac)
Eine auch Wurzelsellerie, Mark oder Merk genannte Selleriezuchtform mit faustgroßer, fleischiger Wurzelknolle, die als Gemüse, Salat, Suppeneinlage oder Suppenwürze verwendet wird. Das Fruchtfleisch soll hell, zart und fleckenlos sein. Die Blätter werden ebenso wie der Schnittsellerie (siehe S. 18) als Suppenkraut verwendet. Vorbereitung: Die Blätter abschneiden. Die Knolle gründlich

unter fließendem Wasser bürsten, dann schälen. Die Knolle kann roh geraspelt werden. Zum Kochen wird sie entsprechend der späteren Verwendung in Scheiben, Stifte, Achtel geschnitten oder im Ganzen gelassen. Die Blätter gründlich waschen, je nach Verwendung im Ganzen lassen oder hacken.

Kohlrabi
(französisch: chou-rave, englisch: kohlrabi)
Eigentlich ein Stengelgemüse, das auch Oberrüben und Oberkohlrabi genannt wird. Es entwickelt zwischen Wurzelhals und Blattansatz über dem Boden eine etwa apfelgroße Knolle, die je nach Sorte sowohl eine grüne wie auch eine violette Färbung haben kann. Geschmacklich besteht jedoch kein Unterschied. Die Blätter enthalten sehr viel Karotin und reichlich wertvolle Spurenelemente. Sie sollten daher stets mitverwendet werden. Dicke Blätter kann man wie Spinat zubereiten. Mit den zarten Herzblättchen würzen. Vorbereitung: Die Knollen schälen, als Rohkost stifteln oder raspeln. Als Gemüse im Ganzen lassen oder in Scheiben, Stifte oder Viertel teilen.

Kürbis
(französisch: courge, englisch: pumpkin)
Der auch Bebe oder Plutzer genannte Gemüsekürbis kann bis zu 100 kg schwer werden. Er hat eine dicke und harte Schale, jedoch sehr weiches, saftiges Fruchtfleisch, das nur wenig Zucker, keine Säure und daher kaum Eigengeschmack besitzt. In Deutschland werden vorwiegend der große gelbe Gartenkürbis und der grün-

weiße Eierkürbis angebaut. Neuerdings kommen aber auch bei uns Importe in den Handel, wie der weiße Custard Marrow, der birnenförmige Butternut oder der südamerikanische Chayote-Kürbis, der eine grüne, oft stachelige Schale hat. Kürbis kann mit reichlich Gewürzen als Gemüse bereitet werden, einige Sorten eignen sich als Kompotte. Hiesiger Gartenkürbis wird vorwiegend zu Sauerkonserven verarbeitet. Kleine Winterkürbisse kann man füllen und im Ofen backken. Kürbisblüten sind eine im Mittelmeerraum sehr verbreitete Delikatesse. Die Blüten werden in Teig getaucht und in Fett ausgebacken. Man reicht sie pikant als Vorspeise, süß als Dessert.
Vorbereitung: Die Kürbisse immer schälen, in Viertel teilen, die Kerne mit dem sie umgebenden weichen Fruchtfleisch herausschaben.

Lauch
siehe Porree

Mais
(französisch: maïs,
englisch: Indian corn)
Ein aus dem peruanischen Andenhochland stammendes, oft auch Welschkorn, Kukuruz oder türkischer Weizen genanntes Grasgewächs mit Kolben, an denen die Maiskörner sitzen. Vom deutschen Eigenanbau eignen sich nur die ganz jungen Kolben als Gemüse. Im Handel angebotener frischer Mais stammt jedoch vorwiegend aus Italien oder Frankreich. Mais in Dosen kommt aus den USA. Ganz kleine Kölbchen gibt es auch als Sauerkonserve. Maiskolben im Ganzen kann man kochen oder grillen und serviert sie dann nur mit frischer Butter und Salz. Körnermais aus der Dose wird als Gemüsebeilage gereicht.
Vorbereitung: Die Maiskolben aus den grünen Hüllen befreien und die Fäden entfernen.

Mangold
(französisch: bette,
englisch: chard)
Eine auch Rippenmangold, römischer Kohl, Blattmangold oder Beißkohl genannte Rübenart mit fleischigen Stielen und zarten Blättern. Man unterscheidet Mangold mit besonders fleischigen Stielen und solche mit dünneren Stielen, aber üppigerem Blattwerk. Die Stiele, die auch Rippen genannt werden, können wie Spargel verwendet werden. Die Blätter erinnern geschmacklich an Spinat, sind jedoch etwas herber. Sie werden wie Spinat bereitet.
Vorbereitung: Blätter von den Stielen abschneiden. Fleischige Rippen sollte man vor dem Garen abziehen (ähnlich wie Rhabarber). Man kocht sie in Salzwasser mit etwas Mehl und Zitronensaft, damit sie ihre weiße Farbe behalten.

Möhren
(französisch: carottes,
englisch: carrots)
Auch Mohrrüben, Karotten, gelbe Rüben, Goldrüben oder Wurzeln genanntes Wurzelgemüse, das einen besonders hohen Anteil Karotin enthält. Man unterscheidet je nach Jahreszeit a) Frühmohrrüben oder Karotten (siehe S. 14); b) Sommer- und Herbstmöhren, die mittellang bis lang, walzenförmig oder abgestumpft, von oranger bis roter Färbung und nur begrenzt lagerfähig sind; c) Spätmöhren, die lang, walzenförmig oder spitz zulaufend, orange bis rotorange sind und eine

lange Lagerfähigkeit haben. Möhren werden als Rohkost oder als Gemüse zubereitet.

Vorbereitung: Karotten brauchen oft nur gründlich gebürstet zu werden, oder man schabt sie vorsichtig. Sommer- und Herbstmöhren werden geschabt, Wintermöhren können geschält werden.

Palmenherzen

Der auch Palmitos oder Palmenmark genannte zarte Inhalt der sprießenden Blattstiele bestimmter Palmenarten. Palmenherzen werden aus Brasilien importiert und sind bei uns nur in Dosen erhältlich. Sie werden für festliche Salate, Cocktails oder Vorspeisen verwendet und haben in der feinen Küche ihren festen Platz.

Vorbereitung: Ist nicht notwendig, da die 2 bis 3 cm dicken Palmitosstücke gebrauchsfertig sind.

Paprikaschote

(französisch: poivron, englisch: green pepper oder fresh paprika)
Ein tropisches Nachtschattengewächs, das im 16. Jahrhundert durch die Spanier als Zierstrauch aus dem tropischen Amerika nach Europa gebracht wurde. Man unterscheidet Gemüse- und Gewürzpaprika. Gemüsepaprika gibt es in verschiedenen Sorten. Bei uns am gebräuchlichsten sind die großen, leicht bitterlich schmeckenden grünen und die etwas süßlicheren roten Paprikaschoten. Aus dem Balkan werden gelbe bis gelblichrote, zartschalige dünnere Schoten angeboten. Vorwiegend aus Italien kommen die fast süßen, dunkelroten Tomatenpaprika, die sich besonders gut zum Einlegen in Sauer

eignen und auch von der Industrie so angeboten werden. Paprikaschoten sind ungemein vielseitig zu verwenden, weil sie jede Garmethode vertragen, aber auch roh genossen werden können. Da die Schalen etwas schwer verdaulich sind, sollte man sie bei bestimmten Zubereitungen entfernen.

Vorbereitung: Die Paprikaschoten waschen, je nach weiterer Verwendung halbieren und die Innenrippen mit den Kernen und die Stengelansätze herausschneiden. Für gefüllte Paprikaschoten den Stengelansatz mit einem Teil des Fruchtfleisches als Deckel abschneiden, die Schoten dann mit einem Messer von oben her putzen. Sollen die Schoten zu Ringen geschnitten werden, putzt man sie ebenso, allerdings wird der Stengelansatz mit nur wenig Fruchtfleisch entfernt.

Pastinake

(französisch: panais, englisch: porsnip)
Eine auch Pasternaken, Hammelmöhren oder Hirschmöhren genannte weißgelbliche, möhrenähnliche Wurzel, die eng mit der Petersilienwurzel verwandt ist. Die Pastinake war bei uns etwas in Vergessenheit geraten und eigentlich nur noch als Wildgemüse bekannt. Über England, wo sie zu einem beliebten Gemüse gehört, kam sie wieder in unsere Küchen. Pastinaken haben einen angenehm süßlich-würzigen Geschmack und können wie Möhren verwendet werden. Es wird sogar vermutet, daß die Pastinake eine frühe Kreuzung zwischen Petersilienwurzel und Möhre ist.

Vorbereitung: Wie Möhren.

16

Petersilienwurzel

(französisch: racine de persil, englisch: parsley root)

Wird bei uns vorwiegend als Suppengemüse oder Suppenwürze verwendet, kann aber wie die Pastinake als Gemüse bereitet werden. Die Blätter ergeben ein kräftiges Suppengewürz.

Vorbereitung: Wie Möhren.

Porree

(französisch: poireau, englisch: leek)

Im süddeutschen Sprachraum ist die Bezeichnung Lauch gebräuchlicher. Er wird jedoch auch spanischer Lauch oder Welschzwiebel genannt. Porree ist neben der Zwiebel das vermutlich am längsten bekannte Gemüse, das ursprünglich aus dem Orient stammte und durch die Römer in Europa eingeführt wurde. Porree besteht aus einem weißen bis gelblichen Scheinstengel, der sich aus Blattscheiden bildet, die nach oben hin zu dicken, blaugrünen Blättern werden. Die Scheinstengel können gekocht oder gedünstet als Gemüse verwendet werden. Das obere Blattgrün gibt Soßen und Suppen Würze. Porree ist fast das ganze Jahr hindurch auf dem Markt. Während der Saison aus Eigenanbau, sonst vorwiegend aus Holland, Italien, Frankreich und Belgien.

Vorbereitung: Welke und harte Blätter entfernen, die Wurzeln mit der unteren Verdickung zusammen abschneiden. Die grünen Blatteile ebenfalls abschneiden. Freilandporree sollte der Länge nach aufgeschnitten und gründlich gewaschen werden.

Römischer Salat

(französisch: salade de romaine, englisch: roman salad)

Dieser auch Bindesalat oder Kochsalat genannte Verwandte des Kopfsalats wird häufig mit Chinakohl verwechselt. Er hat zwar eine ähnliche Größe und Form, jedoch sind die Blätter glatter und dunkler. Die zarten Innenblätter werden meist als Salat bereitet, die äußeren als Gemüse gedünstet.

Vorbereitung: Die gewaschenen Blätter als Gemüse grob, als Salat in feine Streifen zerschneiden.

Rosenkohl

(französisch: chou de Bruxelles, englisch: Brussels sprout)

Eine auch Sprossenkohl, Brüsseler Kohl oder Kohlsprossen genannte Kohlart, von der nur die in den Achseln der Stengelblätter sitzenden Blattsprossen (Röschen) gegessen werden. Je weiter oben am Stengel die Sprossen sitzen, um so zarter sind sie. Wie beim Grünkohl verbessert auch beim Rosenkohl ein leichter Frost den Geschmack. Darum wird Freilandgemüse erst nach den ersten Nachtfrösten geerntet. Rosenkohl ist ein verhältnismäßig „junges" Gemüse: Er wurde vor etwa 100 Jahren erstmals in Brüssel gezüchtet. Auch heute noch gehört Belgien neben Holland zu den Hauptlieferanten. Rosenkohl wird ausschließlich gekocht serviert.

Vorbereitung: Die äußeren losen Blätter und die kleinen Strünke abschneiden. Die Röschen müssen fest geschlossen sein. Man kann sie in Salzwasser kochen, dann verlieren sie jedoch viele wertvolle Vitamine. Besser ist es, Rosenkohl in Fett mit nur wenig Wasser zu dünsten.

Rote Bete

*(französisch: betterave,
englisch: beetroot)*

Diese dicke, rotfleischige Rübenwurzel hat viele Namen: Rote Rübe, rote Beete, Beete, Bete, Rahnen, Rannen, Rohnen, Randen und sogar Salatrübe. Der letzte Name mag eine gewisse Berechtigung darin haben, daß rote Bete nur selten als Gemüse, meist – allerdings zuvor gekocht – als Salat serviert werden. Im Handel werden sie konserviert, vorwiegend sauer eingelegt, angeboten.
Vorbereitung: Unter fließendem Wasser gründlich abbürsten, in Salzwasser oder im Backofen garen. Dann erst schälen und nach Belieben weiterverarbeiten.

Rotkohl

*(französisch: chou rouge,
englisch: red cabbage)*

Eine ursprünglich aus China stammende, auch roter Kappes, Rotoder Blaukraut genannte Kohlsorte, die runde und längliche Köpfe haben kann. Die länglichen Köpfe sind geschmacklich am besten. Rotkohl wird vorwiegend geschmort als Beilage zu kräftigen Fleischsorten, aber auch – vor allem in Süddeutschland – als Rohkostsalat serviert.
Vorbereitung: Die äußeren Blätter entfernen, den Kohl vierteln, den Strunk entfernen, den Kohl feinstreifig schneiden. Ein kräftiger Schuß Essig verhindert, daß der Kohl während des Garens an Farbe verliert.

Schnittsellerie

Auch Blattsellerie genannte Sellerieart, deren breitfiedrige, glänzende Blätter feingehackt zum Würzen von Suppen, Salaten, Soßen, Gemüse- und Fischgerichten verwendet werden. Schnittsellerie läßt sich gut mit Petersilie und Schnittlauch mischen. Auch getrocknet behält er über viele Monate eine intensive Würzkraft.
Vorbereitung: Wie fast alle Würzkräuter.

Schwarzwurzeln

*(französisch: salsifis,
englisch: black salsify)*

Sehr eiweißreiches, auch Schötzennieren genanntes Wintergemüse mit spargelähnlichem Geschmack. Die Wurzeln sind 2 bis 3 cm dick und 20 bis 30 cm lang, außen schwarzbraun und innen weiß. Sie dürfen beim Einkauf nicht gebrochen sein, das schadet der Qualität. Der Eigenanbau ist bei uns gering. Meist kommen Schwarzwurzeln aus Holland, Belgien und Frankreich. Sie werden grundsätzlich nur gekocht verwendet, jedoch auch als Konserve angeboten.
Vorbereitung: Zum Putzen Handschuhe anziehen. Die zuvor abgebürsteten Wurzeln schaben und sofort in mit etwas Essig und Mehl gemischtes Wasser legen, damit sie sich nicht verfärben. Die Wurzeln in gesalzenem Essig-Mehl-Wasser garen.

Spargel

*(französisch: asperges,
englisch: asparagus)*

Spargel, die jungen Triebe (Sprossen) der bis zu 1,5 m hohen Spargelpflanze, gelten als das Feingemüse schlechthin. Schon im Altertum erkannte man den Wert des Spargels als Heilpflanze. Bis ins Mittelalter galt er auch in Europa eher als Medizin, obwohl ihn schon die Römer als Edelgemüse schätzten. Seit dem 16. Jahrhundert hat er diesen Stellenwert auch wieder in Mitteleuropa. Deutschland hat bedeutende Spargelanbaugebiete, in denen vorwiegend der besonders zarte weiße Spargel gezogen wird. Spanien, Frankreich, Ungarn und Formosa verfügen ebenfalls über große Anbauflächen. Man unterscheidet weißen, blauen oder violetten und grünen Spargel. Je eher der Spargel gestochen wird, um so weniger verfärbt er sich und um so weniger Bitterstoffe entwickelt er. Weißer Spargel hat die Erdoberfläche noch nicht durchstoßen. Sobald sie ans Tageslicht kommen, werden die Sprossen blauköpfig. In Frankreich wird jedoch eine Sorte gezüchtet, die auf jeden Fall eine zartviolette Färbung hat. Grüner Spargel ist die Zuchtform einer nordafrikanischen Wildpflanze. Er wird vor allem in England, Südfrankreich und Italien geschätzt. Man ißt allerdings nur die sehr langen Köpfe, nicht wie sonst auch die Stengel.

Vorbereitung: Außer bei grünem Spargel werden die Stangen bis auf die Köpfe geschält, in wenig, mit Zucker und Butter verfeinertem Salzwasser beißfest gegart und mit verschiedenen Soßen als ,,Sologericht'' oder als Beilage zu feinen Fleischsorten gereicht.

Als Konserve kommen Spargelstangen vorwiegend aus Fernost. Die besten konservierten Spargel allerdings liefert die Rioja, ein Wein- und Gemüsegebiet im Norden Spaniens.

Spinat

*(französisch: épinards,
englisch: spinach)*
Die Araber haben den vermutlich aus Asien stammenden Spinat im 16. Jahrhundert nach Spanien gebracht, von dort kam er nach Mitteleuropa. Seines hohen Eisengehalts und der reichlich vorhandenen Vitamine A, B_2 und C wegen ist er besonders gesund, galt aber hierzulande noch bis vor wenigen Jahren hauptsächlich als ideale Kindernahrung. Kinder lehnten ihn jedoch seiner Bitterstoffe wegen meistens ab. Inzwischen wurden Sorten gezüchtet, die diese Bitterstoffe kaum mehr enthalten. Da es sowohl einen im Herbst gesäten und im Frühjahr geernteten, als auch einen im Frühjahr gesäten und im Sommer und Herbst geernteten Spinat gibt, ist er fast das ganze Jahr über frisch im Handel. Spinat kann roh als Salat und gekocht als Gemüse gereicht werden. In beiden Fällen sind Eier die idealen Begleiter.

Vorbereitung: Die Spinatblätter sorgfältig verlesen, das heißt, alle welken Blätter aussortieren. Die groben Stiele abschneiden und die Blätter gründlich in kaltem Wasser waschen. Zum Garen entweder zuvor kurz in kochendem Wasser blanchieren, dann hacken und in Fett mit wenig Flüssigkeit dünsten oder die ganzen Blätter mit wenig Fett im eigenen Saft zerfallen lassen. Die Garzeiten möglichst kurz halten. Spinat sollte nicht wieder aufgewärmt werden, da er während der Lagerung und beim Aufwärmen Nitrit entwickelt.

Spitzkohl

(französisch: chou pointu)
Unter dieser Bezeichnung sind zwei dem Weißkohl verwandte Kohlsorten auf dem Markt. Zum einen die fast blaugrünen Köpfe, die es nur von Ende März bis Mai gibt

und die trotz ihres dicken Aussehens ganz besonders zarte Blätter haben. Zum anderen der auf den Fildern, einer fruchtbaren Ebene bei Stuttgart, angebaute spitzköpfige Kohl, der jedoch vorwiegend zu Sauerkraut verarbeitet und kaum außerhalb Baden-Württembergs als Spitzkohl angeboten wird. Beide Sorten werden als Gemüse zubereitet.
Vorbereitung: Wie Weiß- oder Rotkohl.

Tomaten

(französisch: tomate,
englisch: tomato)
Tomaten, die auch Liebes-, Paradies- oder Goldäpfel genannt werden, sind die Früchte eines Nachtschattengewächses, das ebenso wie die Kartoffel ursprünglich als Zierstrauch von den Spaniern aus Mexiko und Peru nach Europa gebracht wurde. Erst seit etwa 150 Jahren werden Tomaten auch in der Küche verwendet. Man unterscheidet drei große Gruppen: 1. Runde Tomaten, die das ganze Jahr über auf dem Markt sind, weil sie außerhalb der Saison in Treibhäusern gezogen werden können. Runde Tomaten enthalten viel Saft und Kerne und haben ein etwas verwässertes Aroma. Sie werden für Gemüsegerichte verwendet, lassen sich gut grillen und füllen. 2. Gerippte Tomaten, zu denen auch die immer beliebter werdenden Fleischtomaten gehören. Sie haben einen sehr würzigen, süßsauren Geschmack und sind ideale Salatfrüchte, lassen sich aber auch schmoren oder grillen. 3. Flaschen- oder Birnentomaten, die wir hierzulande frisch leider nur sehr selten bekommen, während sie rund um das Mittelmeer zu den ge-

bräuchlichsten Kochtomaten gehören und industriell zu Tomatenmark, -saft und -konserven verarbeitet werden. Zum Kochen gibt es bei uns die sehr preiswerten „pomodori pelati", geschälte Tomaten, in der Dose.
Vorbereitung: Zum Rohessen gründlich waschen, in Scheiben oder Segmente schneiden. Zum Kochen vorher besser häuten. Dazu die Haut rund um den Stengelansatz einritzen, die Tomaten mit kochendem Wasser überbrühen und kurz kalt abschrecken. Dann läßt sich die Haut ganz leicht abziehen. Ob roh oder gekocht: Die grünen Stengelansätze müssen immer entfernt werden: Sie enthalten das magenschädliche Solanin.

Weißkohl

(französisch: chou blanc,
englisch: cabbage)
Auch Weißkraut, Kabis, Kappes oder Kraut genannter, in allen deutschen Landschaftsküchen auf die unterschiedlichste Weise zubereiteter rundköpfiger Kohl mit fest anliegenden Blättern. Aus Weißkohl wird durch ein spezielles Milchsäure-Gärungsverfahren Sauerkraut hergestellt.
Vorbereitung: Die äußeren Blätter entfernen, den Kohlkopf vierteln, den Strunk herausschneiden und den Kohl feinstreifig schneiden.

Wirsingkohl

(französisch: chou de Milan,
englisch: savoy cabbage)
Eine auch Welschkraut, Börschkohl, Savoyer Kohl, Mailänder Kohl, Wirz genannte, vermutlich in Südostfrankreich gezüchtete Kohlsorte mit kraus gewellten, außen grünen, nach innen immer hellgelber werdenden Blättern. Er

wird heute in den milderen Klimazonen aller Erdteile angebaut. Deutschland deckt, von geringen Importen aus den Niederlanden abgesehen, seinen Bedarf selber. Wirsing wird stets geschmort oder gedünstet. Er eignet sich hervorragend für feine Gerichte, wie Flans oder Püree und Rouladen.

Vorbereitung: Die äußeren Blätter entfernen, dann je nach Verwendung die Blätter ablösen und kurz blanchieren oder den Kohl vierteln, den Strunk entfernen und den Kohl feinstreifig schneiden.

Zucchini

(französisch: courgettes,
englisch: courgettes)

Dieser zarte Gemüsekürbis, der auch Courgettes oder Zucchetten genannt wird, hat sich erst vor einigen Jahren als fester Bestandteil in die deutsche Küche eingegliedert. Inzwischen wird er durch Importe aus verschiedenen Ländern und Klimazonen das ganze Jahr über angeboten. Zucchini ähneln im Aussehen länglichen Gurken, haben ein fast weißes Fruchtfleisch und sind roh fast ohne Geschmack. Sie enthalten viel Vitamin A, auch B_1, B_2 und C. Außerdem wichtige Minerale. Sie sind ähnlich vielseitig verwendbar wie Auberginen.

Vorbereitung: Zucchini waschen, Blütenansatz und Stengelansatz abschneiden. Die Früchte je nach Verwendung im Ganzen lassen, längs halbieren oder in Scheiben schneiden. Zucchini vertragen sich besonders gut mit Olivenöl.

Zwiebel

(französisch: oignon,
englisch: onion)

Die Zwiebel, die auch Bolle oder Zipolle genannt wird, ist ein Lauchgewächs, das zu den ältesten Gemüse- und Würzpflanzen gehört, die die Menschheit kennt. Sie stammt vermutlich aus Zentralasien. In die engere Zwiebelfamilie gehören Porree (oder Lauch), Knoblauch, Schalotten, Speise- und Gemüsezwiebeln und Schnittlauch. Bei den Speisezwiebeln unterscheidet man die einfachen Speisezwiebeln, die wir täglich benutzen, die roten Zwiebeln und weißen Zwiebeln. Gemüsezwiebeln sind besonders groß und mild im Geschmack. Sie werden gerne als gefülltes Gemüse zubereitet. Eine Unterart der Speisezwiebeln sind die Silber- oder Perlzwiebeln, die bei uns frisch nur selten im Handel sind, dafür aber vorwiegend als Sauerkonserve angeboten werden. Schalotten werden besonders in der feinen Küche geschätzt, da sie ein intensives Aroma haben, aber nicht die Schärfe der Speisezwiebeln. Außer als junge, zarte Frühlingszwiebeln sind Speisezwiebeln im allgemeinen sehr lange lagerfähig und werden auch das ganze Jahr über angeboten. Gemüsezwiebeln jedoch sind nur saisonal zu haben und sollten auch möglichst rasch verwendet werden.

Vorbereitung: Die Zwiebeln von den trockenen Außenhäuten befreien (bei Frühlingszwiebeln nur die erste „Lage" der Schalen entfernen), dann je nach Verwendungszweck in Scheiben, Streifen oder Würfel schneiden. Ringe bekommt man aus besonders dünnen Scheiben, die dann auseinandergedrückt werden. Die ätherischen Öle der Zwiebel verursachen bei fast allen Menschen heftigen Tränenfluß. Zum Schneiden sehr scharfe Messer, zum Würfeln einen Zwiebelhacker verwenden.

Suppen
und Eintöpfe

Suppen machen dick! Eintöpfe auch!
Sicherlich kennen Sie dieses – wirklich
dumme – Vorurteil. Suppen oder Eintöpfe
auf Gemüsegrundlage können nämlich viel eher
als Schlankmacher eingeordnet werden. Eintöpfe sind stets Hauptgerichte, die leicht verdaulich
und gut bekömmlich sind. Gemüsesuppen bringen, selbst wenn sie als Vorspeise oder Vor-

suppe gereicht werden, dem Körper genügend Ballaststoffe, um den Verdauungsprozeß auf die optimalste Weise in Gang zu setzen und so für eine gesunde Kost die idealen Voraussetzungen zu schaffen.

Natürlich kann man kräftige Suppen oder Eintöpfe mit Hülsenfrüchten kaum für eine Diät empfehlen, im Rahmen einer allgemein ausgewogenen Ernährung jedoch schaden sie der schlanken Linie keineswegs, geben sie dem Körper doch wertvolles pflanzliches Eiweiß. Suppen mit reichlich Gemüse können ausgesprochene Sattmacher sein, wenn man sie mit etwas Sahne, mit Eigelb oder mit Crème fraîche anreichert. Gerade in den Sommermonaten, wenn man den Magen nicht zu stark belasten will, sind sie willkommene Abwechslung auf dem Speiseplan und – zusammen mit frischem Weißbrot – eine vollwertige Mahlzeit.

Suppen und Eintöpfe gehören ganz zweifelsohne zu den ältesten Zubereitungsmethoden, die uns bekannt sind – und sie sind in allen Küchen zu Hause, wenn auch mit unterschiedlichem Stellenwert im Menü. Während der Europäer die leichte, feine Suppe mehr als Vorspeise schätzt, wird sie in der klassischsten aller klassischen Küchen, in der chinesischen, nach dem großen Hauptgang gereicht.

Suppen und Eintöpfe waren für die ärmeren Schichten in Europa über Jahrhunderte hindurch oft die einzige warme Mahlzeit am Tag, während man an fürstlichen Höfen und in den nicht weniger üppig tafelnden Klöstern oft drei bis vier verschiedene Suppen während eines Menüs servierte.

Ob nun bei Arm oder Reich: Suppen waren und sind heute noch ein wahres Lebenselixier, das nicht nur sättigt, sondern auch belebt.

Wenn nicht anders angegeben, sind alle Rezepte für 4 Personen berechnet.

Avocado-Kaltschale

2 reife Avocados, Saft 1 Zitrone, 1 Becher saure Sahne (200 g), ¼ l kalte, entfettete Hühnerbrühe, 125 g Krevetten oder Shrimps, ½ Bund Dill, Salz, Cayennepfeffer, 2 EL Weinbrand, Worcestersoße, etwas Dill zum Garnieren, 2 hartgekochte Eigelbe.

Die Avocados schälen und das Fruchtfleisch von den Kernen ablösen. Mit Zitronensaft, saurer Sahne, Hühnerbrühe, Krevetten oder Shrimps (einige zum Garnieren zurückbehalten) und dem abgespülten Dill im Mixer kräftig durchschlagen lassen. Mit Salz, Cayennepfeffer, Weinbrand und Worcestersoße pikant würzen. In vier Suppentassen verteilen. Mit Dillzweigen, grobgehacktem Eigelb und den Krevetten oder Shrimps garnieren.
Dazu warmes Stangenweißbrot servieren.

Alle drei Suppen auf den Bildern rechts können als Auftakt zu einem festlichen Menü gereicht werden. Die Avocado-Kaltschale ist an heißen Sommertagen auch ein ideales Abendessen, oder sie wird als Teil eines kalten Büfetts serviert.

Julienne-Suppe

¼ Sellerieknolle, 2 mittelgroße Möhren, 1 Stange Lauch (Porree), 20 g Butter, ¾ l Fleischbrühe (am besten selbstgekocht), Streuwürze, schwarzer Pfeffer aus der Mühle, geriebene Muskatnuß, nach Belieben 1 Glas (2 cl) Gin, 1 EL gehackte Petersilie.

Das geputzte Gemüse waschen und in streichholzgroße Streifen (Juliennes) schneiden. Die Butter erhitzen und das Gemüse darin unter Rühren 2 Min. dünsten. Mit der Fleischbrühe aufgießen und zugedeckt bei milder Hitze 10 Min. köcheln lassen. Mit Streuwürze, Pfeffer und Muskatnuß abschmecken. Nach Belieben den Gin dazugeben. Die Suppe in vier Tassen verteilen und mit etwas gehackter Petersilie bestreut servieren.
Dazu schmecken Käsestangen oder kleine, warme Cocktailbrötchen.

Oben rechts: Avocado-Kaltschale · Mitte: Julienne-Suppe · Unten: Frische Tomatensuppe
Oben links: So kann man einen Avocadokern zum Keimen bringen

Frische Tomatensuppe

760 g vollreife Tomaten, 1 Zwiebel, 1 Knoblauchzehe, 2 EL Olivenöl, 1 Stengel Blattsellerie, 1 Zweig Thymian, ¼ l Fleischbrühe aus Würfeln, Salz, weißer Pfeffer aus der Mühle, 2 cl trockener Sherry (fino), Worcestersoße.

(Foto Seite 25)

Die gewaschenen Tomaten in grobe Stücke schneiden, dabei die grünen Stengelansätze entfernen. Zwiebel und Knoblauchzehe schälen und hacken. In dem heißen Öl goldgelb werden lassen. Die Tomaten dazugeben und zugedeckt 10 Min. im eigenen Saft schmoren lassen. Dann den Blattsellerie, von dem einige Blätter zum Garnieren zurückbehalten werden, Thymian und die Fleischbrühe dazugeben. Mit Salz und Pfeffer würzen. Noch weitere 15 Min. kochen lassen. Dann alles durch ein Sieb streichen und die Suppe wieder erhitzen. Mit Sherry und Worcestersoße abschmecken, in vier Suppentassen verteilen und mit den in Streifen geschnittenen Sellerieblättern garnieren. Dazu eventuell Stangenweißbrot oder Knäckebrot mit Sesamsamen servieren.

Dicke-Bohnen-Suppe

300 g enthülste junge dicke Bohnen-Kerne, 30 g Butter, ¼ l Milch, ½ l Fleischbrühe, 1 TL gehacktes Bohnenkraut, ⅛ l süße Sahne, Salz, schwarzer Pfeffer aus der Mühle, 1 EL gehackte Petersilie.

(o. Abb.)

Die Bohnenkerne in der heißen Butter unter Rühren 2 bis 3 Min. andünsten. Mit Milch und Fleischbrühe auffüllen, mit Bohnenkraut würzen und zugedeckt in 20 Min. ganz weich werden lassen. Etwas abkühlen lassen, dann im Mixer pürieren. Wieder erwärmen. Die zuvor ganz steif geschlagene Sahne, bis auf einige EL zum Garnieren, in die Suppe rühren und diese mit Salz und Pfeffer abschmecken. In eine Terrine füllen, mit der restlichen Sahne und der Petersilie garnieren.
Dazu frisches Weißbrot oder geröstetes Toastbrot servieren.

Blumenkohlsuppe „Dubarry"

1 kleiner Blumenkohl,
4 mittelgroße Kartoffeln,
1/2 l Fleischbrühe,
3/8 l Milch, 1/8 l Sahne,
Salz, schwarzer Pfeffer
aus der Mühle,
geriebene Muskatnuß,
1 Prise Zucker, 1 Eigelb,
einige Kerbelblättchen.

(o. Abb.)

Den Blumenkohl putzen und in Röschen teilen. Die Kartoffeln schälen und würfeln. Beides in der Fleischbrühe garen, einige Röschen zum Garnieren herausnehmen. Den Rest abkühlen lassen, dann im Mixer pürieren. Dabei nach und nach die Milch und die Sahne dazugeben. Wieder in den Topf zurückgeben. Mit Salz, Pfeffer, Muskatnuß und Zucker pikant abschmecken und bis kurz vorm Kochen erhitzen. Das Eigelb mit etwas Suppe verquirlen und die Suppe damit legieren. Die Suppe in vorgewärmte Tassen füllen. Mit den zurückbehaltenen Blumenkohlröschen und den gewaschenen, trockengetupften Kerbelblättchen garnieren.

Dazu schmecken warme Käsestangen oder kleine getoastete Weißbrotscheiben.

Minestrone

750 g frisches Gemüse
der Saison (zum Beispiel
Möhren, Stauden-
sellerie, Knollensellerie,
junge Erbsen, Böhnchen,
Blumenkohlrosen, Lauch,
junger Wirsingkohl),
125 g mild geräucherter
durchwachsener Speck,
2 kleine Zwiebeln,
3 EL Olivenöl,
2 Knoblauchzehen,
1 1/2 l klare Fleischbrühe,
3 Fleischtomaten,
Salz, weißer Pfeffer,
100 g Hörnchennudeln,
100 g weiße Bohnen aus
der Dose, 1/2 Bund glatte
Petersilie, 1 TL fein
geschnittene Basilikum-
blätter, geriebener
Parmesankäse.

(Foto Seite 29)

Italienische Gemüsesuppe

Das Gemüse waschen, putzen und je nach Sorte würfeln oder in Scheiben schneiden. Den Speck fein würfeln, das Olivenöl in einem großen Topf erhitzen und den Speck darin glasigbraten. Die geschälten, gehackten Zwiebeln zufügen und hellgelb werden lassen. Dann erst die geschälten, durch die Presse gedrückten Knoblauchzehen zugeben. Mit Fleischbrühe auffüllen. Das geputzte Gemüse und die zuvor abgezogenen, entkernten und gewürfelten Tomaten dazugeben. Mit Salz und Pfeffer abschmecken. Zugedeckt bei nicht zu starker Hitze 20 Min. garen. Dann die Hörnchennudeln in die Suppe geben und noch 10 Min. kochen lassen. Zum Schluß die abgetropften Bohnen in die Suppe geben und darin nur erhitzen, die Suppe nicht mehr kochen lassen. In eine vorgewärmte Terrine füllen, mit nicht zu fein gehackter Petersilie und Basilikum bestreuen. Den Parmesan getrennt reichen.

Norddeutsche Hochzeitssuppe

Für den Eierstich:
5 Eier, 5 EL Milch,
1 EL feingehackte
Petersilie,
1 EL ganz fein geschnittener Schnittlauch,
Salz,
weißer Pfeffer aus
der Mühle,
1 Prise geriebene
Muskatnuß.

Für die Fleischklößchen:
150 g Tatar, 100 g Kalbsbratwurstbrät,
1 EL gehackter Kerbel.

Für die Suppe:
je 150 g Blumenkohlröschen, Stangensellerie, junge Karotten,
ausgepalte Erbsen,
ganz zarte Bohnen,
Lauch, 2 l Hühner- oder
Rindfleischbrühe,
½ Bund glatte Petersilie.

(für 6 Personen)

Die Eier mit der Milch verrühren. Petersilie und Schnittlauch dazugeben. Mit Salz, Pfeffer und Muskatnuß abschmecken. Bis zur Hälfte in eine gut eingefettete Form füllen. Die geschlossene Form in ein kochendes Wasserbad stellen, das bis zur Höhe der Eimasse reichen muß. Bei 180° (Gas Stufe 2) 40 bis 45 Min. im Ofen stocken lassen.

In der Zwischenzeit für die Klößchen Tatar und Kalbsbratwurstbrät mit dem Kerbel zu einer homogenen Masse verarbeiten. Nach Belieben noch mit Salz und Pfeffer nachwürzen. Daraus mit angefeuchteten Händen Klößchen von 2 cm Durchmesser formen. Etwas Wasser zum Kochen bringen. Die Klößchen einlegen, sie müssen schwimmen können, und bei milder Hitze in 5 Min. garziehen, nicht kochen lassen. Abtropfen lassen und beiseite stellen.

Für die Suppe das Gemüse waschen, putzen und je nach Sorte würfeln oder in Scheiben schneiden. Die Brühe aufkochen, das Gemüse hineingeben und zugedeckt nur etwa 20 Min. sanft köcheln lassen, damit das Gemüse nicht zu weich wird. Den Eierstich aus der Form lösen und mit einem Buntmesser in Streifen oder Würfel schneiden. Die Suppe in eine große Terrine füllen, Eierstich und Klößchen hineingeben. Mit nicht zu fein gehackter Petersilie bestreut servieren.

Diese Suppe wird in Norddeutschland bei größeren Festen (eben traditionell zur Hochzeit) als Vorsuppe gereicht. Soll sie eine sättigende Mittagsmahlzeit sein, kann man noch (getrennt gekochte) Kartoffelwürfel hineingeben oder frisches Bauernbrot dazu servieren.

Oben: Norddeutsche Hochzeitssuppe · Unten: Minestrone

Erbsencremesuppe

600 g junge Erbsen (ausgepalt gewogen), ¾ l magere Kalbsbrühe, ¼ l Sahne, Salz, weißer Pfeffer aus der Mühle, 1 Prise Zucker, 1 Hauch geriebene Muskatnuß, 50 g Pökelzunge in Scheiben, glatte Petersilie zum Garnieren.

(o. Abb.)

Die Erbsen in die kochende Brühe geben und etwa 20 Min. garen. Nach 5 Min. Kochzeit 4 Eßl. voll Erbsen herausnehmen und beiseite stellen. Erbsen und Brühe etwas abkühlen lassen, dann im Mixer fein pürieren. Die Hälfte der Sahne hineinrühren und alles leicht cremig einkochen lassen. Dann erst mit Salz, Pfeffer, Zucker und Muskatnuß abschmecken. Die restliche Sahne halbsteif schlagen, die Zunge in feine Streifen schneiden, die Petersilie in einzelne Blättchen zerzupfen. Die Suppe in eine vorgewärmte Terrine füllen, die Schlagsahne locker unterziehen und die Suppe mit Erbsen, Zungenstreifen und Petersilie garniert zu Tisch bringen. Dazu passen dünne, getoastete Weißbrotscheiben mit Knoblauchbutter.
Variation: Statt Erbsen Porree (Lauch) verwenden. Dann reichen jedoch 400 g.

Feine Spinatsuppe

750 g frischer Blattspinat, 4 Schalotten, 30 g Butter, 1 Knoblauchzehe, ½ l Hühnerbrühe, ¼ l Sahne, Salz, weißer Pfeffer aus der Mühle, 1 Hauch geriebene Muskatnuß, 2 Eßl. blättrig geschnittene Mandeln.

(o. Abb.)

Den Spinat verlesen, waschen, abtropfen lassen und in reichlich kochendem Salzwasser 30 Sekunden blanchieren. Unter kaltem Wasser abschrecken, abtropfen lassen und sehr fein hakken. Die geschälten, gehackten Schalotten in der heißen Butter glasig werden lassen. Dann erst die geschälte, durch die Presse gedrückte Knoblauchzehe dazugeben, kurz mitbraten lassen. Den Spinat dazugeben und alles mit der Brühe auffüllen. 10 Min. kochen lassen, dann die Hälfte der Sahne zufügen und alles im offenen Topf noch 10 Min. cremig einkochen lassen. Nun abschmecken. Die restliche Sahne steifschlagen, die Mandeln in einer beschichteten Pfanne goldbraun rösten. Die Suppe in vorgewärmte Tassen füllen. Mit Sahnehaube und Mandeln garniert servieren.

Pariser Zwiebelsuppe

400 g Zwiebeln, 50 g Butterschmalz, 20 g Mehl, ¾ l Fleischbrühe aus Würfeln, ¼ l trockener Weißwein, Salz, schwarzer Pfeffer aus der Mühle, 8 Scheiben Stangenweißbrot, 100 g geriebener Emmentaler Käse.

(o. Abb.)

Die Zwiebeln schälen und in hauchdünne Scheiben schneiden. In dem heißen Butterschmalz goldgelb braten. Mit dem Mehl bestäuben und dieses unter Rühren hellbraun werden lassen. Nach und nach mit der Fleischbrühe ablöschen und alles zugedeckt 20 Min. bei nicht zu starker Hitze leise köcheln lassen. Dann erst den Wein zugießen und die Suppe mit Salz und Pfeffer abschmecken. Die Brotscheiben rösten oder toasten. Die Suppe in vier feuerfeste Suppentassen füllen und mit je 2 Brotscheiben belegen. Das Brot dick mit Käse bestreuen. Die Suppe unter den vorgeheizten Grill schieben und so lange überbacken, bis der Käse ganz geschmolzen ist. Dann sofort servieren.

Gemüse-Graupen-Suppe „Gesinka"

50 g Perlgraupen, 150 g Möhren, 150 g Knollensellerie, 200 g frische Champignons oder Mischpilze, 3 Zwiebeln, 60 g Butter, 1 l selbstgekochte Kalbsbrühe, 100 g Crème fraîche, 2 Eigelb, Salz, schwarzer Pfeffer aus der Mühle, 1 Prise Zucker, Zitronensaft, 1 Eßl. fein gehackte Petersilie.

(o. Abb.)

Die Graupen in reichlich Salzwasser garen. In der Zwischenzeit das Gemüse und die Champignons putzen, die Zwiebeln schälen und alles in dünne Scheiben schneiden. In der heißen Butter kurz andünsten lassen. Dann mit der Brühe auffüllen und in 20 Min. weichkochen. Die Graupen abtropfen lassen. Das Gemüse mit der Brühe durch ein Sieb streichen, wieder erwärmen und mit der Crème fraîche verrühren. Mit den verquirlten Eigelb legieren, und die Suppe mit Salz, Pfeffer, Zucker und Zitronensaft leicht säuerlich abschmecken. In eine gewärmte Terrine füllen. Die Graupen mit der Petersilie mischen und die Suppe damit garnieren.

Gaisburger Marsch

200 g Suppenknochen,
1 Markknochen,
1½ l Wasser, 1 TL Salz,
1 TL gekörnte Fleisch-
brühe, 10 Pfefferkörner,
1 Zwiebel, 1 Lorbeer-
blatt, 4 Gewürznelken,
2 Bund Suppengrün,
600 g mageres Suppen-
fleisch vom Rind,
250 g Spätzle (Fertig-
produkt), 500 g mehlig-
festkochende Kartoffeln,
2 große Zwiebeln,
30 g Butter.

Die Suppenknochen und den Markknochen in dem kalten Wasser aufsetzen, mit Salz, Fleischbrühe, Pfefferkörnern und der geschälten, mit Lorbeerblatt und Nelken gespickten Zwiebel sowie mit dem geputzten, grob zerschnittenen Suppengrün zum Kochen bringen. Erst dann das Fleisch einlegen und alles bei milder Hitze 2 Std. leise simmern lassen.
Etwa 30 Min. vor Ende der Garzeit die Spätzle in reichlich Salzwasser kochen. Die Kartoffeln schälen und in Salzwasser 20 Min. kochen. Spätzle und Kartoffeln abgießen. Die Kartoffeln in mundgerechte Würfel schneiden.
Die Zwiebeln schälen und in Ringe schneiden. In der heißen Butter goldbraun braten.
In der Zwischenzeit das Fleisch aus der Brühe nehmen, in Würfel schneiden und zusammen mit den Kartoffeln und den Spätzle in eine Terrine füllen. Die Brühe durch ein Sieb gießen, wieder aufkochen und in beliebiger Menge in die Terrine gießen. Mit den Zwiebeln und der Butter begießen und sofort servieren.

Pichelsteiner Eintopf

750 g Schweinefleisch
aus der Keule,
30 g Schweineschmalz,
3 große Zwiebeln,
4 Möhren, 500 g Wirsing-
kohl, 500 g Kartoffeln,
Salz, schwarzer Pfeffer
aus der Mühle, Kümmel,
40 g Butter,
¾ l Fleischbrühe.

Das Fleisch in mundgerechte Würfel schneiden und in dem heißen Schweineschmalz kräftig anbraten. In der Zwischenzeit die geschälten Zwiebeln in Ringe schneiden. Die Möhren schälen und in Scheiben schneiden. Den geputzten Kohl fein hobeln. Die geschälten Kartoffeln würfeln. In Lagen über das Fleisch schichten und jede Lage nach Geschmack mit Salz, Pfeffer und Kümmel würzen. Die Butter in kleinen Flöckchen darauf verteilen. Die heiße Fleischbrühe angießen und den Pichelsteiner zugedeckt im Backofen bei 180° (Gas Stufe 2) 1½ Std. garen lassen.
Nach Belieben vor dem Servieren mit gehackter Petersilie bestreuen.

Oben: Gaisburger Marsch · Unten: Pichelsteiner Eintopf

Rote Bohnen-Eintopf

3 Zwiebeln, je 1 rote und grüne Paprikaschote, 5 EL Öl, 1 EL Paprika rosenscharf, 1 große Dose rote Bohnen (800 g), 1 große Dose geschälte Tomaten (800 g), 2 Knoblauchzehen, gekörnte Instant-Fleischbrühe, einige Tropfen Tabascosoße, 1 altbackenes Brötchen, 375 g gemischtes Hackfleisch, 1 Ei, 1 EL gehackte Petersilie, Zwiebelsalz, Salz, schwarzer Pfeffer.

(o. Abb.)

Die geschälten Zwiebeln und die geputzten, gewaschenen Paprikaschoten in Streifen schneiden. 2 EL Öl in einem Topf erhitzen, Zwiebeln und Paprika darin unter Rühren andünsten. Mit Paprika rosenscharf bestäuben, kurz anschwitzen lassen. Bohnen, Tomaten und die geschälten, durch die Presse gedrückten Knoblauchzehen dazugeben. Mit Fleischbrühe und Tabasco abschmecken und zugedeckt bei milder Hitze 25 bis 30 Min. schmoren lassen. In der Zwischenzeit das Brötchen in Wasser einweichen, ausdrücken und zerpflücken. Mit dem Hackfleisch, Ei und Petersilie vermischen. Den Hackfleischteig mit Zwiebelsalz, Salz, Pfeffer und noch einigen Tropfen Tabasco abschmecken. Zu walnußgroßen Kugeln formen und in dem heißen Öl rundherum braun braten. In das fertige Bohnengericht geben. Dazu Weißbrot reichen.

Buntes Gemüseragout

1000 g Rindfleisch (aus der Nuß), 40 g Butterschmalz, 1 große Dose geschälte Tomaten (800 g), 3 kleine Zucchini, 3 Möhren, 6 weiße Rübchen, 8 mittelgroße Kartoffeln, 2 Stangen Lauch, ¼ Wirsing- oder Weißkohl, 1 kleiner Blumenkohl, 150 g Delikateßbohnen, etwa ½ l Fleischbrühe aus Würfeln, Salz, schwarzer Pfeffer aus der Mühle, 2 Zweige Thymian, 2 Lorbeerblätter, 6 Wacholderbeeren.

(Titelbild)

Für 6 bis 8 Personen

Das Rindfleisch in mundgerechte Würfel schneiden. Das Butterschmalz in einem großen Topf erhitzen und die Fleischwürfel darin rundherum anbraten. Inzwischen die Tomaten durch ein Sieb abgießen, kräftig ausdrücken und den Saft auffangen. Die Tomaten hacken und mit dem Saft zu dem Fleisch geben. Das Fleisch zugedeckt bei milder Hitze 45 Min. schmoren. In der Zwischenzeit das Gemüse putzen und waschen. Die Zucchini, Möhren, die geviertelten Rübchen und die geschälten Kartoffeln in Scheiben, den Lauch in Ringe und den Kohl in Streifen schneiden. Den Blumenkohl in Röschen teilen und die Bohnen im Ganzen lassen. Alles zu dem Fleisch geben und mit so viel Fleischbrühe aufgießen, daß alles bedeckt ist. Mit Salz und Pfeffer abschmecken. Thymian, Lorbeerblätter und Wacholderbeeren daraufgeben. Alles noch 25 bis 30 Min. sanft köcheln lassen. Dann die Gewürze entfernen und das Ragout in dem Topf servieren.

Linsen-Schinken-Topf

375 g getrocknete Linsen, 1 l Wasser, 1 Schinkenknochen, 3 Schinken- oder Speckschwarten, 350 g mild geräucherter Schinkenspeck, 2 Zwiebeln, 2 Knoblauchzehen, ¼ l kräftiger Rotwein, 2 Zweige Thymian, 3 Möhren, 2 Stangen Porree (Lauch), ¼ Sellerieknolle, Salz, schwarzer Pfeffer aus der Mühle, einige Sellerieblätter, ½ Bund Petersilie.

(o. Abb.)

Die Linsen mit dem Wasser zum Kochen bringen. Nach 20 Min. den Schinkenknochen und die gründlich abgespülten Schwarten dazugeben. Nach weiteren 20 Min. den ganzen Schinkenspeck, die geschälten, gehackten Zwiebeln und Knoblauchzehen dazugeben und den Rotwein angießen. Zugedeckt wiederum 20 Min. köcheln lassen. Dann erst die Thymianzweige und das geputzte, gewaschene und in Scheiben bzw. Würfeln geschnittene Gemüse zufügen. Alles nochmal 20 Min. kochen lassen. Knochen, Schwarten und Thymian entfernen. Den Schinkenspeck herausnehmen und in Scheiben schneiden. Den Eintopf kräftig würzen. Mit den gehackten Sellerieblättern und Petersilie mischen, mit den Speckscheiben belegen und sehr heiß servieren.

Brandenburger Rübentopf

750 g Teltower Rübchen (ersatzweise weiße oder gelbe Rübchen), 80 g Butter, ¼ l heiße Fleischbrühe aus Würfeln, 375 g frische Wildpilze wie Steinpilze, Maronen oder Pfifferlinge, 1 Zwiebel, 400 g Schweinefilet, Salz, schwarzer Pfeffer aus der Mühle, ¼ l Sahne, 2 Eßl. Mehl.

(o. Abb.)

Die Rübchen schälen und waschen. Teltower Rübchen im Ganzen lassen, andere Rüben nach Belieben vierteln oder achteln. In 40 g Butter kurz andünsten, dann mit der Brühe begießen und zugedeckt 20 Min. schmoren lassen. Zwischendurch die Pilze putzen und (außer Pfifferlingen) in Scheiben schneiden. Die geschälten Zwiebeln in Ringe und das Filet in mundgerechte Würfel schneiden. Pilze und Zwiebeln in 20 g Butter unter Rühren solange braten, bis sie reichlich Saft abgegeben haben. Die Filetwürfel in der restlichen Butter rundherum nur eben Farbe nehmen lassen. Alle Zutaten in einer Kasserolle mischen und kräftig würzen.
Sahne und Mehl verquirlen, darübergießen und alles zugedeckt noch 10 bis 15 Min. schmoren lassen. Dann in der Kasserolle servieren.

Steckrüben-Eintopf

300 g Schweinebauch,
20 g Schweineschmalz,
1000 g Steckrüben
(Kohlrüben), 2 Zwiebeln,
1 EL Zucker, ³/₄ l kräftige
Fleischbrühe, schwarzer
Pfeffer aus der Mühle,
500 g Kartoffeln,
4 Kochwürste (Polnische
oder Debreziner).

Den Schweinebauch in dem heißen Schweineschmalz rundherum kräftig anbraten. Nebenher die Steckrüben waschen, schälen und würfeln. Die Zwiebeln schälen und hacken. Das Bauchfleisch herausnehmen. Die Zwiebeln hineingeben und glasigbraten. Dann die Steckrübenwürfel dazugeben, mit Zucker bestreuen und unter Rühren etwa 3 Min. kräftig durchschmoren lassen. Mit Fleischbrühe auffüllen, mit Pfeffer abschmecken und zugedeckt 45 Min. garen lassen. Die Kartoffeln schälen und ebenfalls würfeln. Nach 20 Min. zu den Steckrüben geben, den Schweinebauch obenauf legen. Den Eintopf eventuell mit Salz und Pfeffer nachwürzen. Die Kochwürste dazugeben und 5 Min. erhitzen, jedoch nicht kochen lassen. Zu diesem deftigen Gericht paßt ein kühles Bier besonders gut.
Variation: Aus Rindfleisch und Knochen eine kräftige Brühe kochen. Die Steckrüben wie oben beschrieben, jedoch ohne Schweinebauch, zubereiten. Das gekochte Suppenfleisch in Würfel schneiden und zu den Steckrüben servieren.

Weißkohl-Rindfleisch-Topf

400 g Rinderschmorfleisch (Keule),
40 g Butterschmalz,
4 Zwiebeln, ³/₄ l Fleischbrühe, 1 kleiner Kopf
Weißkohl (etwa 750 g),
6 mittelgroße Kartoffeln,
1 EL Kümmel, Salz,
schwarzer Pfeffer aus
der Mühle.

Das Fleisch in mundgerechte Würfel schneiden und in dem Butterschmalz rundherum anbraten. Die Zwiebeln schälen und in Ringe schneiden. Zum Fleisch geben und noch 5 Min. braten lassen. Mit knapp der Hälfte der Fleischbrühe auffüllen und das Fleisch zugedeckt etwa 50 Min. schmoren lassen. In der Zwischenzeit den Weißkohl putzen und in grobe Stücke schneiden, dabei den Strunk entfernen. Die Kartoffeln schälen und in Scheiben schneiden. Zu dem Fleisch geben. Mit Kümmel, Salz und Pfeffer würzen und

Oben: Steckrübeneintopf · Unten: Weißkohl-Rindfleisch-Topf

36

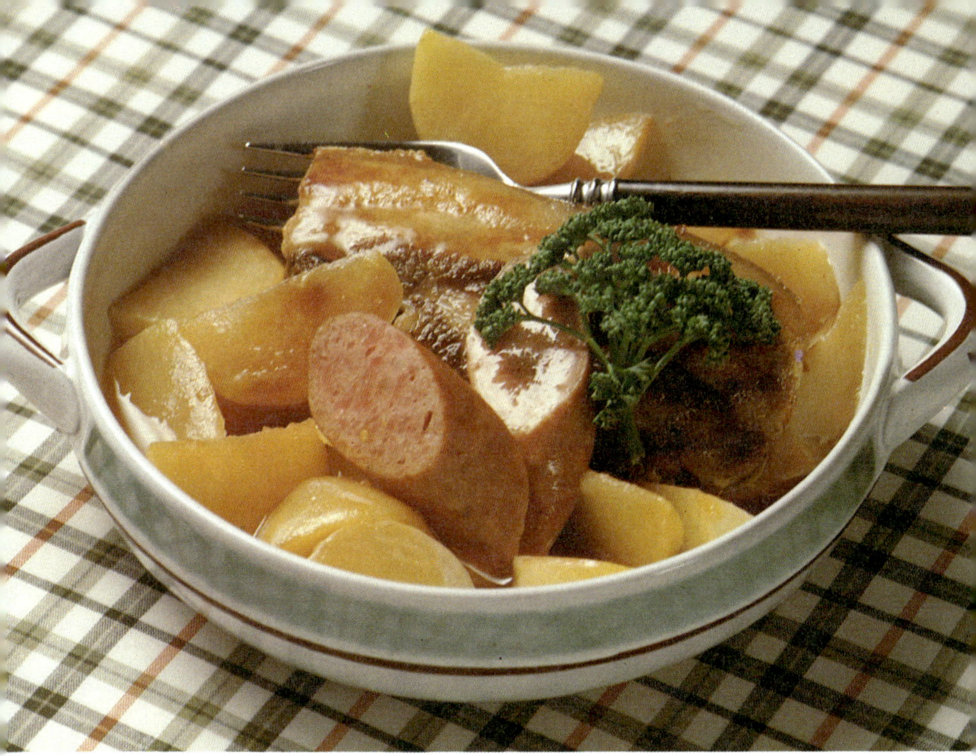

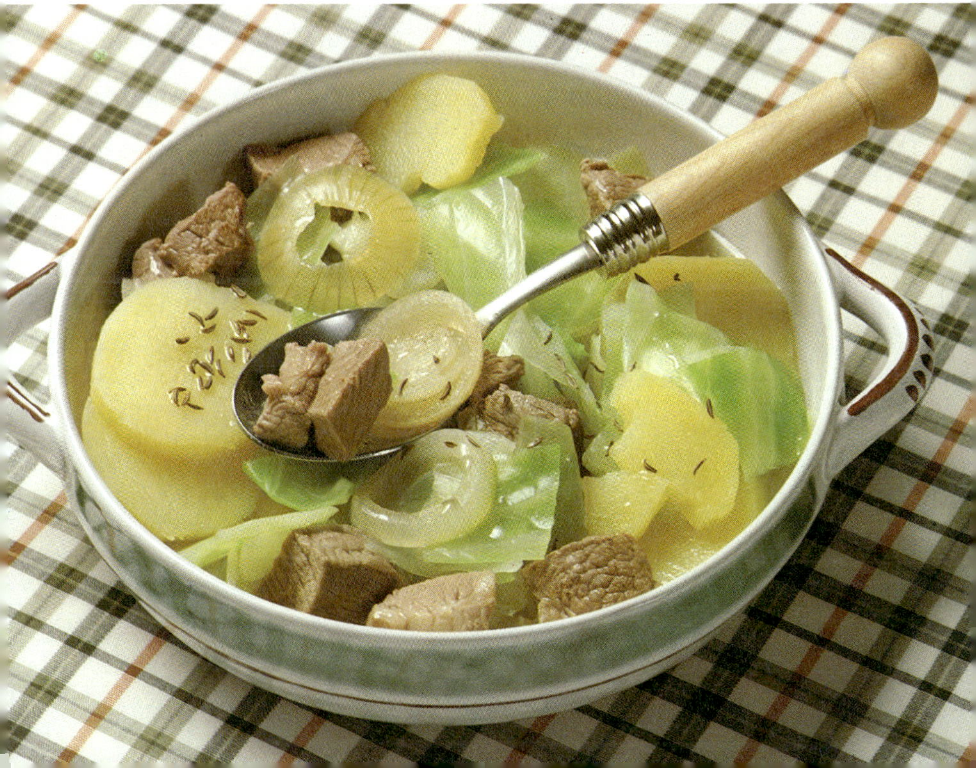

noch 25 Min. weiter kochen lassen. Vor dem Servieren noch mal abschmecken.
Variation: Statt des Rindfleisches Hammel- oder Lammfleisch verwenden. Dann alle Fetteile von dem Fleisch abschneiden und in 20 g Butterschmalz langsam auslassen. Die Grieben dann herausnehmen und das Fleisch in der Fettmischung braten. Auf diese Weise wird das besonders gesunde Hammelfett, das aber viele nicht mögen, mitverwendet, verliert aber seinen starken Eigengeschmack.

Irish Stew auf deutsche Art

500 g Hammelschulter, ³/₄ l Fleischbrühe aus Würfeln, 4 Zwiebeln, 2 Möhren, 500 g Weißkohl, 500 g Kartoffeln, Salz, schwarzer Pfeffer aus der Mühle, 1 TL Kümmel, 1 Lorbeerblatt, 1 Bund Petersilie.

(o. Abb.)

Das Fleisch in mundgerechte Würfel schneiden. Die Fleischbrühe aufkochen, das Fleisch hineingeben und 10 Min. köcheln lassen. Zwiebeln schälen und in Ringe schneiden. Die geschabten Möhren in Scheiben, den geputzten, vom Strunk befreiten Kohl in dünne Streifen schneiden. Die Kartoffeln waschen, schälen und würfeln. Gemüse und Fleisch lagenweise in einen großen Topf schichten. Jede Lage ganz schwach salzen, stark pfeffern und mit etwas Kümmel bestreuen. Mit soviel Brühe auffüllen, daß der Eintopf eben bedeckt ist. Das Lorbeerblatt dazugeben und alles zugedeckt bei nicht zu starker Hitze 60 Min. mehr ziehen als kochen lassen. Das Lorbeerblatt entfernen, den Eintopf mit Petersilie bestreut servieren.
Dazu nach Belieben frisches Landbrot reichen. Als Getränk paßt ein kühles Bier.
Variation: Das original irische „Stew" (was übrigens nichts weiter heißt als Schmorgericht) wird nur aus Hammelfleisch, Zwiebeln und Kartoffeln zubereitet. Statt mit Kümmel wird es häufig mit Thymian gewürzt.

Kohlrabi-Eintopf

500 g mageres
Schweinefleisch,
20 g Schweineschmalz,
4 bis 5 Kohlrabi
(etwa 750 g),
350 g junge Möhren,
350 g neue Kartoffeln,
¼ l Fleischbrühe
aus Würfeln,
⅛ l Crème fraîche,
1 Bund Petersilie,
schwarzer Pfeffer
aus der Mühle,
½ Bund Kerbel,
50 g durchwachsener
Speck,
2 Schalotten.

(o. Abb.)

Das Fleisch in mundgerechte Würfel schneiden und in dem heißen Butterschmalz rundherum kräftig anbraten. Von den Kohlrabi die zarten Herzblättchen aufheben, die Kohlrabi schälen und in 1 cm dicke, 4 cm lange Stifte schneiden. Möhren und Kartoffeln schälen und würfeln. Mit dem Fleisch mischen und in eine Kasserolle geben. Die Fleischbrühe mit Crème fraîche und der Hälfte der gehackten Petersilie mischen und darüber gießen. Alles kräftig mit Pfeffer übermahlen. Zugedeckt 25 Min. schmoren lassen. Den Kerbel und die Herzblättchen ebenfalls hacken. Den Speck würfeln, auslassen und die geschälten, fein gehackten Schalotten darin glasigbraten. Zusammen mit den Kräutern über den Eintopf geben und diesen heiß in der Kasserolle servieren.

Mein Tip: Aus Gemüseresten lassen sich ganz hervorragende Eintöpfe oder Suppen „zaubern". Kleinere Mengen werden im Mixer püriert und mit beliebiger Brühe verrührt. Zur Geschmacksabrundung gibt man etwas Crème fraîche oder Sahne und frische Kräuter dazu.
Einen Eintopf aus den verschiedensten Gemüsegerichten kann man mit Bratenresten „anreichern", oder man gibt in Streifen geschnittenen gekochten Schinken, zerpflückten Thunfisch aus der Dose, Räucherfischstücke, Muscheln aus der Dose, in Butter gebratene Mischpilze oder knusprig gebratene Speckscheiben dazu. Wichtig ist nur, daß man den durch das Aufwärmen entstandenen Vitaminverlust durch reichlich frische Kräuter ausgleicht.

Bohnen, Birnen und Speck

400 g mild geräucherter, durchwachsener Speck, ¼ l Wasser, 750 g grüne Bohnen, 1 Zweig Bohnenkraut, Salz, schwarzer Pfeffer aus der Mühle, 6 kleine, feste Kochbirnen.

Den Speck in einem großen Topf mit dem Wasser aufsetzen, 15 bis 20 Min. kochen lassen. Indessen die Bohnen waschen, fädeln und brechen. Mit dem Bohnenkraut zum Speck geben und zugedeckt 15 Min. kochen lassen. Die Brühe mit Salz und Pfeffer abschmecken. Die Birnen schälen und halbieren, nur die Blütenansätze herausschneiden. Noch 10 Min. weiter garen. Vor dem Servieren das Bohnenkraut entfernen. Dazu gibt es Salzkartoffeln, die entweder getrennt gereicht oder mit dem Eintopf gemischt werden.

Mein Tip: Wem die Brühe zu dünn erscheint, der kann sie mit etwas Speisestärke oder Mehlbutter binden. In einigen Gegenden Norddeutschlands gibt man übrigens noch kleingehackte Zwiebeln mit zu den Bohnen.

Sellerie-Hähnchen-Topf

1 Poularde von etwa 800 g, 1 l Salzwasser, 1 Bund Suppengrün, 1 Staude Bleichsellerie, 2 Zwiebeln, 2 EL Öl, 125 g Langkornreis, 1 TL grob zerstoßener Koriander, 125 g tiefgekühlte Krabben, 3 EL geröstete Erdnußkerne, 2 Orangen, 1 EL grüner Pfeffer.

(Foto Seite 85)

Die gewaschene Poularde in das Salzwasser geben und in etwa 75 Min. garkochen. 30 Min. vor Ende der Garzeit das geputzte, gewaschene und kleingeschnittene Suppengrün dazugeben. In der Zwischenzeit den Sellerie putzen, waschen, gründlich abtropfen lassen und in Stücke schneiden. Die Zwiebeln schälen, hacken und in dem Öl glasig anbraten. Die Poularde aus der Brühe nehmen. Von der durchgesiebten Brühe gut ½ l abmessen. Sellerie, Reis und Koriander zu den Zwiebeln geben und mit der Brühe auffüllen. Reis in 20 Min. bei milder Hitze ausquellen lassen.

In der Zwischenzeit die Poularde häuten, das Fleisch ablösen und in Würfel schneiden. Zusammen mit den aufgetauten Krabben, den Erdnußkernen und den zuvor geschälten und filetierten Orangen zu der Gemüse-Reis-Mischung geben. Eventuell mit Salz nachwürzen. Mit grünem Pfeffer bestreut servieren.

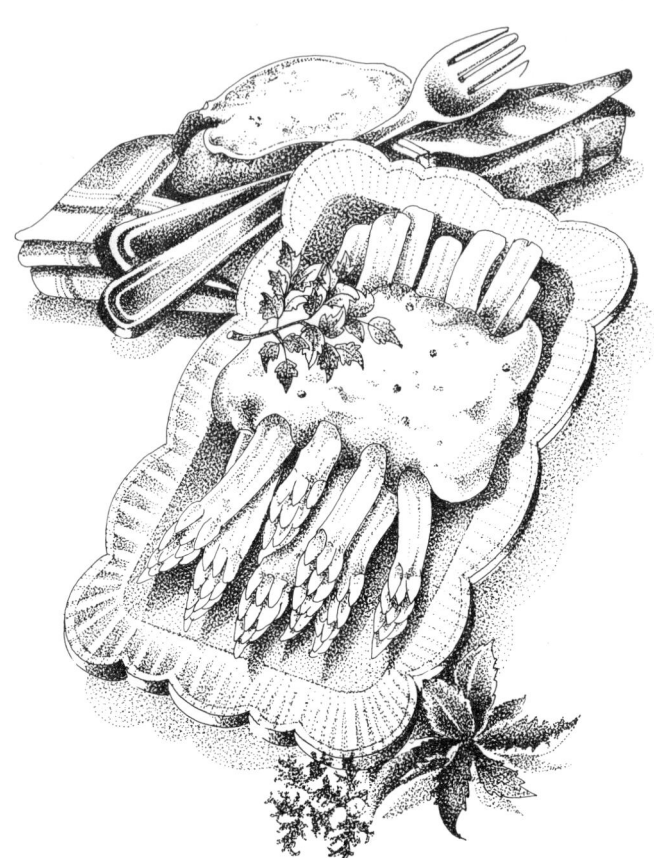

Vorspeisen und Imbisse

Vorspeisen sollen nicht sättigen, sondern nur Gaumen und Magen auf kommende Genüsse vorbereiten. Imbisse hingegen reicht man, um den kleinen Hunger zwischendurch zu stillen. Und dennoch passen beide zusammen. Sie stimmen ein, sie verhindern den ungesunden Heißhunger, sei es auf das Hauptgericht, sei es auf eine spätere Mahlzeit. Darum kann das, was als Vorspeise eines festlichen Menüs serviert wird, ebenso – vielleicht in einer geringfügig größeren Menge – auch als Imbiß gereicht werden. In jedem Fall sind Gemüsegerichte ideal. Sie belasten nicht, sie sind leicht verdaulich, können so appetitlich angerichtet werden, daß schon der optische Eindruck ein Genuß ist. Dennoch sollte die Auswahl mit Bedacht getroffen werden. Je schwerer und üppiger das geplante Hauptgericht, um so leichter die Vorspeise. Nach fritierten Gemüsen mit kalorienreichen Soßen serviert man leichte Fisch- oder Fleischgerichte. Steht als Hauptgang ein großer Braten auf dem Speiseplan, kann man einen frischen Gemüsedrink zur Einstimmung anbieten. Alle Gemüsevorspeisen können aber bei ganz großen, mehrgängigen Menüs auch als Zwischengerichte gereicht werden. Besonders die Gemüsedrinks eignen sich dafür, vor allem, wenn man sie geeist als Sorbets auf die Tafel bringt.

Jedoch sind nicht nur die in diesem Kapitel zusammengefaßten Rezepte als Vorspeise oder Imbiß geeignet. Viele andere Gerichte, die in diesem Buch zu finden sind, ergeben in kleineren Mengen ganz hervorragende Vorgerichte, wie zum Beispiel die griechische Mussaka, Gemüse-Flans, fast alle Salate, oder einfach: gekochte Gemüse in einer delikaten kalten Soße angerichtet.

Vorspeisen verlangen wie kaum ein anderer Menügang ein Höchstmaß an Fantasie. Und damit sind sie eigentlich auch die große Freude all derer, die Kochen aus Spaß an der Freude betreiben. Die einfachsten Zutaten können mit einer raffinierten Soße, mit einer dekorativen Garnierung, in einer auf den ersten Blick ungewöhnlichen Kombination zu wahren Meisterwerken werden.

Wenn nicht anders angegeben, sind alle Rezepte für 4 Personen berechnet.

Bagna Cauda

8 Sardellenfilets aus dem Glas, 2 Knoblauchzehen, ¼ l süße Sahne, 75 g Butter, 1 Salatgurke, je 1 grüne und rote Paprikaschote, 375 g junge Möhren, 4 Fleischtomaten, 1 Staudensellerie, 250 g große, aber feste Champignons.

Die Sardellenfilets unter fließendem Wasser gründlich abspülen und mit Haushaltspapier trockentupfen. Zusammen mit den geschälten Knoblauchzehen ganz fein hacken oder in einem Mörser zerstoßen. Die Sahne in der Zwischenzeit in einem Stieltopf um die Hälfte einkochen lassen. In einem anderen Topf die Butter bei nicht zu starker Hitze schmelzen lassen, dabei sorgfältig abschäumen. Sardellen-Knoblauchpaste in die Butter rühren. Dann die cremig eingekochte Sahne eßlöffelweise mit einem Schneebesen unterrühren. Die Soße in ein Steingutpfännchen füllen und auf dem Rechaud warm halten. Das Gemüse waschen, putzen (die Möhren außerdem schälen) und in Streifen schneiden. Die Champignons in Scheiben schneiden. Alles in einer großen Schale dekorativ anrichten. Bei Tisch wird das frische Gemüse in die Soße gedippt. Dazu reicht man frisches Stangenweißbrot und einen kräftigen roten Landwein.

Fritierte Champignons

500 g große frische Champignons, 3 EL Mehl, 1 kräftige Prise Salz, schwarzer Pfeffer aus der Mühle, 2 Eier, 5 EL Semmelbrösel, 1 EL geriebener Parmesankäse, Kokosfett zum Ausbacken.

(o. Abb.)

Die Champignons putzen, kurz abspülen und mit Haushaltspapier gründlich trockentupfen. Mehl mit Salz und Pfeffer mischen und die Champignons darin wenden. Dann in den verquirlten Eiern und zum Schluß in den mit dem Käse gemischten Semmelbröseln wenden. Das Kokosfett auf 180° erhitzen. Immer 4 bis 5 Champignons auf einmal hineingeben und in etwa 3 Min. rundherum knusprig braun ausbacken. Mit einem Schaumlöffel herausnehmen, gut abtropfen lassen und so lange warm stellen, bis alle fertig sind. Eine mit Kräutern gemischte Sauce Hollandaise oder eine Remouladensoße, frisches Stangenweißbrot und einen trockenen Weißwein dazu servieren.

Spargel auf Malteser Art

1000 g Spargel,
1 kräftige Prise Salz,
1 Prise Zucker,
80 g Butter, Wasser,
1 unbehandelte
Blutorange, ⅛ l Sahne.

(o. Abb.)

Den Spargel schälen und in einen länglichen Topf geben. Mit Salz und Zucker bestreuen, mit einigen Butterflöckchen belegen. So viel Wasser angießen, daß es einfingertief in dem Topf steht. Den Spargel zugedeckt in 20 Min. garkochen. In der Zwischenzeit die Orange waschen und abtrocknen. Die Schale abreiben. Die Orange dann auspressen. Die restliche Butter schmelzen lassen, gründlich abschäumen und mit dem Orangensaft mischen. Die Sahne steif schlagen. Den Spargel aus dem Wasser heben und gründlich abtropfen lassen. Auf einer vorgewärmten Platte anrichten und mit der Orangenbutter übergießen. Die Sahne in einen Spritzbeutel füllen und als dicken Tupfen auf die Köpfe geben. Mit der Orangenschale bestreuen. Sofort servieren. Dazu frisches Weißbrot und einen trockenen, vollmundigen Weißwein reichen.

Zucchini gebacken

4 mittelgroße Zucchini,
Salz, Zitronensaft,
Mehl zum Wenden,
Kokosfett oder
Pflanzenöl
zum Ausbacken.

(o. Abb.)

Die Zucchini von Stengel- und Blütenansätzen befreien, unter fließendem Wasser abbürsten und abtrocknen. In etwa 3 mm dicke Scheiben schneiden. Lagenweise auf ein Küchentuch legen, jede Lage mit etwas Salz bestreuen und mit Zitronensaft beträufeln. Nicht mehr als vier oder fünf Scheiben übereinander schichten. Mit einem zweiten Küchentuch bedecken, mit Brettchen beschweren und 20 Minuten ruhen lassen. Die einzelnen Scheiben dann trockentupfen, in Mehl wenden und jeweils 5 oder 6 zusammen in dem auf 180 Grad erhitzten Fett knusprig braun ausbacken. Dazu einen kräftigen Weißwein oder trockenen Sherry (fino) servieren.

Gefüllter Bleichsellerie

100 g Roquefort, 60 g Butter, 4 EL dicke saure Sahne oder Crème fraîche, 2 EL Cognac oder trockener Sherry (fino), 1 EL gehackte Petersilie, 8 Stengel Bleichsellerie, 1 EL rosa Pfefferkörner.

(o. Abb.)

Den Roquefort mit einer Gabel fein zerdrücken, die Butter schaumigrühren. Mit dem Käse und der sauren Sahne oder der Crème fraîche zu einer glatten Masse verrühren. Mit Cognac oder Sherry abschmecken und mit der Petersilie mischen. Die Masse in einen Spritzbeutel füllen und 20 bis 30 Min. in den Kühlschrank legen. Die Selleriestangen gründlich waschen, wenn nötig die Fäden von den dickeren Enden abziehen. Die Stangen nebeneinander auf einer großen Platte anrichten. Die Käsecreme dekorativ hineinspritzen und mit den Pfefferkörnern garnieren.

Bleichsellerie knabbert man aus der Hand. Dazu gibt es frisches Stangenweißbrot und eventuell einen trockenen Sherry (fino).

Artischockenböden „Colbert"

80 g Butter, 1 kleine Knoblauchzehe, je ½ TL gehackte Petersilie, gehackter Kerbel, Kresseblättchen und Dill, 5 bis 6 Estragonblätter, 1 Eigelb, 1 kräftige Prise Salz, 8 Artischockenböden aus der Dose, 1 EL Mehl, 1 Ei, 2 EL Semmelbrösel, 40 g Butter oder Butterschmalz zum Braten.

(o. Abb.)

Die Butter schaumigrühren. Dann die geschälte Knoblauchzehe durch die Presse drücken und zusammen mit den gehackten Kräutern, den fein zerschnittenen Estragonblättchen und dem mit Salz verquirlten Eigelb zu der Butter geben. Alles mit dem Handrührgerät kräftig durcharbeiten. Die Butter auf Alufolie zur Rolle formen und in die Folie gewickelt ins Gefrierfach des Kühlschranks legen.

Die Artischockenböden abtropfen lassen. Zuerst in Mehl, dann in dem verquirlten Ei und zum Schluß in den Semmelbröseln wenden. Butter oder Butterschmalz erhitzen und die Artischockenböden darin auf beiden Seiten goldbraun braten. Je zwei auf einem vorgewärmten Teller anrichten. Die Butter in 8 Scheiben teilen, auf die Böden legen und diese sofort servieren. Dazu nur frisches Weißbrot reichen.

Frühlingsrollen, einmal anders

100 g geräucherte Austern aus der Dose, 1 Knoblauchzehe, 2 EL Erdnuß- oder Sojaöl, 125 g Tatar, 1 TL Austernsoße (Fertigprodukt), 1 EL dunkle Sojasoße, 1 EL trockener Sherry (fino), 1 kräftige Prise Salz, 1 TL flüssiger Honig, ½ TL Speisestärke, 1 großer Kopfsalat, Hoisinsoße (Fertigprodukt).

Die Austern abtropfen lassen und nicht zu fein hacken. Den Saft aufheben. Die Knoblauchzehe schälen. Das Öl in einer kleinen, aber tiefen Pfanne erhitzen, die Knoblauchzehe darin braten, bis sie Farbe angenommen hat, dann herausnehmen. Das Tatar in dem Öl so lange braten, bis es krümelig zu werden beginnt. Dann die Austern dazugeben, mit der Austernsoße beträufeln und alles unter Rühren 3 bis 4 Min. dünsten. Die übrigen Zutaten bis auf den Kopfsalat und die Hoisinsoße glattrühren. Die Fleisch-Austern-Mischung damit binden, einmal kurz aufkochen lassen. Die Füllung kann kalt oder warm serviert werden.

Den Kopfsalat zerpflücken, waschen und trockenschleudern. Nur die größeren Blätter auf einer Platte anrichten. Soße und Füllung in getrennten Schälchen auf den Tisch stellen. Jeder nimmt sich ein Salatblatt, beträufelt es nach Belieben mit Hoisinsoße und gibt etwas Füllung dazu. Dann wird das Salatblatt wie eine Frühlingsrolle zusammengedreht und aus der Hand gegessen.

Man serviert die Frühlingsrollen als Vorspeise vor einem chinesischen oder indonesischen Gericht. Sie sind aber, zusammen mit einem „Salat" aus zerpflücktem Rührei, Garnelen und Schalottenscheiben ein sehr attraktiver Imbiß, zu dem man Reiswein oder einen trockenen Riesling trinken kann.

Variation: Es muß nicht unbedingt eine Fleischfüllung sein, ebenfalls sehr attraktiv ist eine Mischung aus grob gehackten, in Butter kurz angedünsteten Scampi und ebenfalls gehackten, gerösteten Erdnüssen. Wer mag, kann noch Sojabohnenkeimlinge aus der Dose dazugeben.

Frühlingsrollen, einmal anders

Imbisse

Artischocken-Cocktail

3 hartgekochte Eier, 12 Artischockenherzen aus der Dose, 1 kleine Zwiebel, ½ Bund Dill, 1 kleiner Kopfsalat, 2 EL Tomatenketchup, 2 EL Sahne, 1 EL Weinbrand, Salz, schwarzer Pfeffer aus der Mühle, 1 Prise Zucker, Worcestersoße.

(o. Abb.)

Die Eier schälen und in Scheiben schneiden. Die abgetropften Artischockenherzen vierteln. Die geschälte Zwiebel fein hacken. Den Dill abspülen, trockenschwenken, einige Zweige zum Garnieren zurückbehalten, den Rest fein schneiden. Den Kopfsalat zerpflücken, waschen und trokkenschwenken. Die Blätter in vier Portionsschalen verteilen. Die übrigen Salatzutaten darauf anrichten. Aus Tomatenketchup, Sahne und Weinbrand eine Soße mischen. Mit Salz, Pfeffer, Zucker und Worcestersoße pikant abschmecken und über den Cocktail gießen. Mit Dillzweigen garnieren und sofort servieren.
Mit frischem Stangenweißbrot als Vorspeise reichen.

Avocado-Cocktail

2 reife Avocados, 1 EL Zitronensaft, 125 g Champignons aus der Dose (l. Wahl), 1 rote Zwiebel, einige Salatblätter, 4 EL Crème fraîche, 1 EL Himbeeressig, Salz, grob geschroteter rosa Pfeffer.

(o. Abb.)

Die Avocados längs halbieren und den Kern herauslösen. Das Fruchtfleisch mit einem Löffel in möglichst großen Stücken herauslösen, dabei aber etwa ½ cm dick Fleisch an den Schalen lassen. Die Avocados innen sofort mit Zitronensaft beträufeln. Das Fruchtfleisch mit einem Buntmesser in Stücke schneiden und diese ebenfalls sofort beträufeln. Die abgetropften Champignons in hauchdünne Scheiben schneiden, die geschälte Zwiebel fein hacken. Die Salatblätter waschen und trockenschwenken. Vier Portionsschalen und Glasteller damit auskleiden, die Avocadohälften daraufsetzen. Fruchtfleisch, Champignons und Zwiebeln mischen und in die Avocadohälften füllen. Crème fraîche und Himbeeressig schaumigrühren, mit Salz und rosa Pfeffer abschmecken und über den Cocktail gießen.

Mit warmem Toast und Butter als Vorspeise oder als kleinen Imbiß servieren.

Mein Tip: Den Avocado-Cocktail erst unmittelbar vor dem Servieren zubereiten, weil sich das Avocado-Fruchtfleisch sehr rasch verfärbt. Die Gäste haben sicherlich Verständnis dafür, vor allem, wenn man sie mit einem Drink „tröstet".

Gurkentaler

2 hartgekochte Eier, 2 kleine Dosen Thunfisch, 1 Gewürzgurke, ½ rote Paprikaschote, 2 EL gehackte Petersilie, 2 Schalotten, 1 TL kleine Kapern, Salz, schwarzer Pfeffer aus der Mühle, etwas Worcestersoße, 1 große, gerade Salatgurke.

(o. Abb.)

Die geschälten Eier hacken, den Thunfisch abtropfen lassen und fein zerpflücken. Die Gewürzgurke und die Paprikaschote fein würfeln. Alles mit der Petersilie, den geschälten, geriebenen Schalotten und den Kapern mischen. Mit Salz, Pfeffer und Worcestersoße pikant abschmecken. Die Gurke gründlich abbürsten, dann in der Mitte einmal durchschneiden und beide Enden abschneiden. Mit einem langen Löffel vorsichtig aushöhlen. Die Füllung fest hineindrücken und die Gurkenstücke mit Alufolie umwickelt 30 Min. im Kühlschrank ruhen lassen. Dann in etwa 2 cm dicke Scheiben schneiden und zusammen mit Cräckern servieren.

Überbackene Champignons

300 g sehr große Champignons, 1 Zitrone, Salz, 2 EL Olivenöl, 1 Schalotte, 1 Knoblauchzehe, 20 g Pinienkerne, 1 EL fein gehackter Kerbel, 60 g Schinkenspeck in dünnen Scheiben, schwarzer Pfeffer aus der Mühle.

(o. Abb.)

Champignons putzen, waschen, abtropfen lassen und die Stiele herausdrehen. Die Stiele hacken. Die Köpfe innen mit Zitronensaft beträufeln und schwach salzen. Nebeneinander in eine mit Olivenöl eingefettete Form setzen. Das restliche Öl erhitzen, die Champignonstiele, die gehackte Schalotte und die zerdrückte Knoblauchzehe darin unter Rühren braten, bis keine Flüssigkeit mehr vorhanden ist. Mit Pinienkernen und Kerbel mischen, leicht salzen und in die Champignons füllen. Mit Speckscheiben bedecken und in dem auf 220 Grad (Gas Stufe 4) vorgeheizten Ofen 10 Min. überbacken. Mit Pfeffer übermahlen und heiß servieren.

Rote Gemüse-Drinks

Rote Bete mit Schuß

250 g rohe Rote Bete, 4 EL Sauerkrautsaft, 4 EL Sahne, Salz, gemahlener Kümmel, 4 große Eiswürfel, 2 Glas (4 cl) Gin oder Kümmelschnaps, grob geschroteter Pfeffer.

Die gründlich abgebürsteten Rote Bete schälen und in Viertel geschnitten in den Entsafter geben. Den Saft zusammen mit dem Sauerkrautsaft, Sahne und Gewürzen nach Belieben im Mixer kräftig schaumig aufschlagen. Eiswürfel in vier Gläser verteilen, mit je 1 cl Gin oder Kümmel begießen, den Drink darübergeben und mit Pfeffer bestreut sofort servieren.

Tomaten-Cocktail

8 vollreife Tomaten, 4 EL Zitronensaft, ½ TL Selleriesalz, Worcestersoße, Tabascosoße, 4 Eigelb, etwas Kresse oder Kerbel, grob geschroteter Pfeffer.

Die Tomaten häuten und von den grünen Stengelansätzen befreien. Im Mixer pürieren. Mit Zitronensaft, Selleriesalz, Worcestersoße und Tabascosoße abschmecken. In vier Cocktailgläser verteilen. Die Eigelb jeweils in die Mitte setzen. Mit Kresse- oder Kerbelblättchen garnieren und etwas Pfeffer auf die Eigelb streuen. Sofort servieren.

„Morgensonne"

4 junge Möhren, 2 kleine Fenchelknollen, ½ grüne Paprikaschote, 4 EL Crème fraîche, 1 Prise Zucker, Salz, Cayennepfeffer.

Die Möhren dünn schaben, den Fenchel putzen, das Grün aufbewahren. Die entkernte Paprikaschote waschen und zusammen mit den Möhren und dem Fenchel in den Entsafter geben. Den Saft mit Zucker, Salz und Cayennepfeffer pikant abschmecken, in vier Gläser füllen und mit je einem EL Crème fraîche garnieren. Mit Langstiellöffel servieren.

Rote Gemüse-Drinks: Rote Bete mit Schuß (1), „Morgensonne" (2), Tomaten-Cocktail (3)

Weiße Gemüse-Drinks

Sauerkraut-Trunk

150 g Sauerkraut aus der Dose, 1 rotschaliger Apfel, Saft einer Orange, ¼ l Milch, 1 Becher cremiger Joghurt.

(o. Abb.)

Das Sauerkraut und den ungeschälten, aber entkernten Apfel im Mixer pürieren. Dann langsam den Orangensaft, die Milch und den Joghurt dazugeben. Nach Belieben mit einem oder zwei Eiswürfeln pro Person servieren.

Katerchens Muntermacher

2 mittelgroße Kartoffeln, 4 Stangen Bleichsellerie, 1 Schalotte, 2 Äpfel, Saft einer Zitrone, Saft einer Orange, 4 Zitronenscheiben, 1 TL gehackte Petersilie.

(o. Abb.)

Die geschälten Kartoffeln, den geputzten Sellerie, die geschälte Schalotte und die ungeschälten Äpfel in den Entsafter geben. Den Saft rasch mit Zitronen- und Orangensaft mischen, damit er hell bleibt. In vier Gläser verteilen, jeweils eine Zitronenscheibe darauflegen und mit etwas Petersilie bestreuen.

Spargel-Cocktail

250 g gekochter Spargel, Spargelsud, Saft einer Limone, abgeriebene Schale einer halben unbehandelten Zitrone, Salz, weißer Pfeffer aus der Mühle, etwas Worcestersoße, Tabascosoße, ½ Kästchen Kresse.

(o. Abb.)

Den Spargel mit dem Sud im Mixer pürieren. Mit Limonensaft, Zitronenschale, Salz, Pfeffer, Worcestersoße und Tabasco pikant abschmecken. In Cocktailschalen füllen und mit Kresseblättchen reichlich garnieren.

Grüne Gemüse-Drinks

„Laubfrosch"

2 junge Freilandsalat-
köpfe, 1 Schalotte,
½ l kräftig gewürzte
Hühnerbrühe,
2 EL gehackter Kerbel,
1 TL gehacktes Basili-
kum, 2 EL Crème fraî-
che, Salz, weißer Pfeffer
aus der Mühle.

(Foto Seite 57)

Den Kopfsalat zerpflücken, waschen und gründlich trockenschleudern. Die geschälte Schalotte
hacken. Beides in die stark kochende Brühe geben und 2 Min. darin ziehen lassen, bis der Salat
zerfallen ist. Abkühlen lassen und in den Mixer
geben. Kräftig durchrühren, bis eine cremige
Masse entstanden ist. Die Kräuter (bis auf einige
zum Garnieren) und die Crème fraîche dazugeben. Noch einmal kurz durchmischen. Dann
abschmecken. In vier Gläser verteilen und mit
den zurückbehaltenen Kräutern garnieren.
Nach Belieben noch einen Eiswürfel hineingeben. Wer mag, kann auch mit einigen Tropfen
Essig oder Zitronensaft würzen. Eine pikante
Note bekommt der Drink, wenn man noch 2 Glas
(4 cl) Wodka oder Korn hineingibt.

„Grüne Welle"

250 g junger Blattspinat,
100 g Sauerampfer,
1 kleine Zwiebel, 1 kleine,
rote Paprikaschote,
¼ l geeiste, entfettete
Hühnerbrühe, ¼ l gut
gekühlte Vollmilch,
1 kräftige Prise Salz,
einige Tropfen
Worcestersoße, einige
Tropfen Tabascosoße,
1 EL gehackte Mandeln.

(Foto Seite 57)

Den Spinat und den Sauerampfer waschen, verlesen und gut abtropfen lassen. Die Zwiebel
schälen und vierteln. Die Paprikaschote vierteln,
putzen und waschen. Alles zusammen mit der
Brühe, der Milch, Salz, Worcester- und Tabascosoße in den Mixer geben und kräftig durchmixen.
Eventuell mit etwas Salz und Worcestersoße
nachwürzen. In vier Gläser verteilen und mit den
Mandeln bestreut sofort servieren.

Cocktail grün-weiß

1 große Salatgurke,
½ TL Salz, 4 bis 5 große
Borretschblätter,
3 junge Frühlings-
zwiebeln mit Grün,
¼ l kalte Vollmilch,
⅛ l gut gekühlte saure
Sahne, schwarzer
Pfeffer aus der Mühle.

Die gewaschene Salatgurke halbieren und mit einem Löffel die Kerne herausschaben. Die Gurke dann grob würfeln und mit dem Salz bestreut etwa 10 Min. Wasser ziehen lassen. In der Zwischenzeit die Borretschblätter abspülen und trockentupfen. Die Frühlingszwiebeln putzen und grob zerschneiden. Alles zusammen mit dem gezogenen Gurkensaft, der Milch und der Sahne in den Mixer geben und zu einer cremigen Masse aufschlagen. In vier Gläser verteilen und mit Pfeffer großzügig übermahlen. Mit Trinkhalmen servieren.

„Saurer Heinrich"

200 g frischer Sauer-
ampfer, 2 kleine Schalot-
ten, 3 Becher Vollmilch-
joghurt (je 175 g),
Salz, 1 Prise Zucker,
grüner Pfeffer.

(o. Abb.)

Den Sauerampfer waschen, gründlich abtropfen lassen, verlesen und die harten Stiele abschneiden. Zusammen mit den geschälten, grob zerkleinerten Schalotten im Mixer pürieren. Nach und nach den Joghurt dazugeben, schaumig aufschlagen. Mit Salz und Zucker abschmecken, nochmals kurz aufschlagen, in vier Bechergläser geben, mit einigen Pfefferkörnern bestreuen und rasch servieren.
Mein Tip: Aus allen hier vorgeschlagenen Drinks lassen sich Sorbets bereiten. Dazu werden die jeweiligen Grundzutaten mit dem sehr steif geschlagenen Schnee von 2 Eiweiß gemischt und in einer Schüssel ins Gefrierfach gestellt. Etwa alle 30 Min. mit einer Gabel oder einem kleinen Schneebesen einmal kräftig durchrühren, damit sich keine großen Eiskristalle bilden. Das Sorbet ist fertig, wenn es eine cremige Konsistenz hat. Es wird dann mit Kräutern garniert in Cocktailschalen serviert.

Grüne Gemüse-Drinks: Cocktail grün-weiß (1), „Grüne Welle" (2), „Laubfrosch" (3)

Gemüse als Beilage

R und 80 Prozent aller Bundesbürger bevorzugen eine warme Gemüsebeilage, vor allem zu dem bei uns nach wie vor recht üppigen Mittagessen.

Während vor allem die Südeuropäer Gemüse als „Solo-Gang" schätzen, gilt es bei uns als Ergänzung. Die „klassische" Küche hat die Beilage nicht selten zur bloßen Garnitur herabgewürdigt, die viel zitierte „Neue Küche" hat den goldenen Mittelweg gefunden: Gemüse als Augen- und als Gaumenschmaus. Daran sollten auch wir uns halten, obwohl wir in der alltäglichen Ernährung nicht ganz so sparsam mit dem Gemüse umgehen sollten, wie es die Köche der feinen Restaurants der Optik wegen tun. *Sie bieten jedoch auch pro Gericht nur selten eine einzige Gemüsesorte an, sondern stimmen drei oder vier farblich und geschmacklich aufeinander ab. Das ist aber für die Hausfrau aus verschiedenen Gründen nur allzu selten möglich.*

Jedoch auch mit nur einem Gemüse kann man das Auge erfreuen, zum Beispiel indem man das Gemüse nicht einfach nur so in eine Schüssel füllt, sondern es mit Kräutern attraktiver gestaltet. Oder man Böhnchen in blanchierte Speckscheiben wickelt, den Spargel in Einzelbündeln auf den Tisch bringt, Blumenkohl mit gerösteten Semmelbröseln oder Mandelsplittern bestreut, Spinat mit gehacktem Ei garniert und, und, und. Gerade bei Gemüsebeilagen sollte man seiner Fantasie einen großen Spielraum einräumen. Man kann Gemüse in Form von Püree (was Kinder schätzen) oder als Flans (von Feinschmekkern heiß begehrt) servieren. Nun möge nicht der Eindruck entstehen, daß Püree mit Kindernahrung gleichzusetzen sei und Flans nur in die ,,gehobene'' Küche gehören. Beide sind nur besonders attraktive Möglichkeiten, Gemüse einmal anders zu servieren. Vor allem, weil man gerade hier mit so feinen Zutaten wie Butter, Sahne oder Crème fraîche nach Herzenslust hantieren kann.

Wenn nicht anders angegeben, sind alle Rezepte für 4 Personen berechnet.

Blattspinat

1000 g frischer Blattspinat, 2 l Wasser, 2 EL Salz, 4 Knoblauchzehen, 2 kleine Zwiebeln, 50 g Butter, schwarzer Pfeffer aus der Mühle, geriebene Muskatnuß, 2 EL Crème fraîche.

Den Spinat waschen, verlesen und gründlich abtropfen lassen. Dann die dicken Blattstiele entfernen. Das Wasser mit dem Salz und den geschälten, halbierten Knoblauchzehen aufkochen. Den Spinat darin 3 Min. blanchieren. In einen Durchschlag schütten, mit kaltem Wasser abschrecken und abtropfen lassen. Dann ganz leicht ausdrücken. Die Knoblauchstücke eventuell entfernen. Die geschälten, feingehackten Zwiebeln in der Butter glasigbraten. Den Spinat dazugeben und bei milder Hitze zugedeckt noch 5 bis 10 Min. im eigenen Saft dünsten. Mit Pfeffer und Muskatnuß abschmecken. Mit der Crème fraîche verrühren und in einer vorgewärmten Schüssel servieren.

Als Beilage zu allen Fleischarten und auch zu gebratenem oder gedünstetem Fisch geeignet.

Zuckerschoten in Sahnesoße

750 g Zuckerschoten (Zuckererbsen), 2 Schalotten, 50 g Butter, 1 großer Bund glatte Petersilie, ⅛ l Instant-Hühnerbrühe, 20 cl süße Sahne, 1 Knoblauchzehe, Salz, weißer Pfeffer aus der Mühle, 2 Stengel Basilikum.

Die Zuckerschoten waschen und abfädeln. Die geschälten, feingehackten Schalotten in der Butter glasig werden lassen. Die Petersilie hacken und die Hälfte davon zu den Schalotten geben und noch 1 Min. mitdünsten. Dann die abgetropften Zuckerschoten, die Brühe und die Sahne dazugeben. Im geschlossenen Topf bei milder Hitze 10 Min. mehr ziehen als kochen lassen. Die geschälte Knoblauchzehe durch die Presse zu den Schoten geben und alles im offenen Topf noch 5 Min. köcheln lassen, damit die Soße etwas eindickt. Mit Salz und Pfeffer abschmecken. Den gewaschenen Basilikum trockentupfen und die Blättchen in feine Streifen schneiden. Die Zuckerschoten in eine Schüssel füllen, mit der restlichen Petersilie und dem Basilikum bestreut servieren.

Als Beilage zu kurzgebratenem Fleisch, zu zarten Braten, Kalbsbries, Hirn oder zu gegrillten Meerestieren servieren.

Oben: Blattspinat · Unten: Zuckerschoten

Fenchel-Tomaten-Gemüse

1 000 g möglichst gleich große Fenchelknollen, 40 g Butter, ⅛ l Weißwein, ⅛ l kräftige Fleischbrühe, Salz, weißer Pfeffer, 250 g Tomaten, ½ Bund Petersilie.

(o. Abb.)

Die Fenchelknollen putzen, waschen, abtropfen lassen und vierteln. Das Fenchelgrün aufheben. Die Butter in einem Topf erhitzen, die Fenchelstücke darin rundherum kurz anbraten. Mit Weißwein und Fleischbrühe ablöschen. Mit Salz und Pfeffer würzen und zugedeckt 10 Min. dünsten lassen. In der Zwischenzeit die Tomaten häuten, vierteln und entkernen. Die grünen Stengelansätze abschneiden. Die Tomaten zum Fenchel geben und alles zugedeckt noch weitere 10 Min. bei nicht zu starker Hitze dünsten. Die Tomaten dürfen nicht zerfallen. Inzwischen Petersilie und Fenchelgrün abspülen, trockenschwenken und hacken. Das Gemüse in eine vorgewärmte Schüssel füllen, mit den Kräutern bestreut servieren.

Fenchelgemüse schmeckt zu kurzgebratenem Fleisch, zu dunklen Braten, Wild und gebratenem oder gegrilltem Fisch.

Mein Tip: Etwas kalorienreicher, aber sehr schmackhaft ist es, wenn man den Fenchelsud mit Crème fraîche oder Sahne anreichert. Auch ein wenig Knoblauch als zusätzliches Gewürz kann Fenchel vertragen.

Römischer Salat mit Sahne

1 Kopf römischer Salat, Salz, 2 kleine Zwiebeln, 1 Knoblauchzehe, 30 g Butter, 150 g Crème fraîche, schwarzer Pfeffer aus der Mühle, geriebene Muskatnuß.

(o. Abb.)

Den Salat in einzelne Blätter zerteilen, waschen und gründlich abtropfen lassen. Reichlich Salzwasser zum Kochen bringen, die Blätter darin 10 Sekunden blanchieren, in Eiswasser abschrecken, abtropfen lassen, dann in etwa 2 cm breite Streifen schneiden. Die Zwiebeln und die Knoblauchzehe schälen, hacken und in der Butter glasig werden lassen. Die Salatstreifen dazugeben, mit Crème fraîche auffüllen und alles 3 bis 4 Min. bei starker Hitze dünsten. Mit Salz, Pfeffer und Muskatnuß abschmecken und in einer vorgewärmten Schüssel servieren.

Als Beilage zu Kalbsbraten, Geflügel, pochiertem oder gebratenem Fisch reichen.

Mit Wein gedünstete Möhren

750 g junge Möhren (möglichst mit etwas Grün), 40 g Butter, 1 TL Zucker, Salz, weißer Pfeffer, knapp 1/16 l Hühnerbrühe, knapp 1/16 l Weißwein (z. B. Müller-Thurgau).

(o. Abb.)

Von den Möhren das Grün abschneiden. Die inneren Blättchen beiseite legen. Die Möhren schaben und abspülen. Mit Haushaltspapier trockentupfen. Die Butter in einem Topf zerlassen. Die Möhren hineingeben und mit Zucker bestreuen. Solange unter häufigem Wenden andünsten, bis der Zucker ganz geschmolzen ist. Mit Salz und Pfeffer sparsam bestreuen. Je die Hälfte der Brühe und des Weins angießen und die Möhren zugedeckt 12 bis 15 Min. dünsten. Dabei nach und nach von der Seite her die restliche Flüssigkeit angießen. Wenn nötig, mit Salz und Pfeffer nachwürzen.

Während der Garzeit das Grün abspülen, trockentupfen und fein hacken. Die Möhren damit bestreuen und servieren.

Sie passen als Beilage besonders zu hellem Fleisch und Geflügel, aber auch zu gebratenem Fisch.

Kohlrabi, in Sahne gedünstet

4 Kohlrabiknollen von je ca. 200 g, 20 g Butter, 1 kleine Zwiebel, 6 EL Hühnerbrühe, 1 Becher Sahne (200 g), Salz, schwarzer Pfeffer aus der Mühle, geriebene Muskatnuß, 1 TL gehackte Petersilie.

o. Abb.)

Die Kohlrabi schälen, dabei die kleinen Herzblättchen zurückbehalten. Kohlrabi in 1 cm dicke Scheiben, dann in Stifte schneiden. Die Butter erhitzen und die geschälte, feingehackte Zwiebel darin glasigbraten. Kohlrabistifte dazugeben und kurz durchschwenken. Mit der Hühnerbrühe ablöschen, diese aufkochen lassen. Dann erst die Sahne zufügen. Mit Salz, Pfeffer und Muskatnuß abschmecken und die Kohlrabistifte zugedeckt bei nicht zu starker Hitze 10 Min. dünsten. Dabei den Topf hin und wieder rütteln. In der Zwischenzeit die Herzblättchen abspülen, trockentupfen und hacken. Den Kohlrabi in eine vorgewärmte Schüssel füllen, mit Herzblättchen und Petersilie bestreut servieren.

Der Kohlrabi paßt zu allen feinen Braten ebenso wie zu gebratenem Fischfilet.

Rosenkohl auf Hausfrauenart

1000 g Rosenkohl, 100 g durchwachsener Speck, 2 Zwiebeln, ¼ l Fleischbrühe, Salz, schwarzer Pfeffer aus der Mühle, geriebene Muskatnuß, 2 Äpfel, 4 Scheiben Toastbrot, 20 g Butter.

Den Rosenkohl putzen und waschen. Den Speck in Streifen schneiden und in einem großen Topf auslassen. Die Zwiebeln schälen, in Streifen schneiden und in dem Speckfett glasigbraten. Rosenkohl dazugeben. Mit Fleischbrühe begießen. Nach Belieben mit Salz, Pfeffer und Muskatnuß abschmecken. Zugedeckt 25 Min. bei nicht zu starker Hitze garen. Die Äpfel vierteln, entkernen und schälen. In beliebig dicke Schnitze teilen. 10 Min. vor Ende der Garzeit zu dem Kohl geben. Das Toastbrot würfeln und in der Butter goldbraun braten. Den Rosenkohl in eine Schüssel füllen und mit den Brotwürfeln bestreut servieren.

Den Rosenkohl zusammen mit Kartoffelpüree zu allen deftigen Braten reichen.

Variation: Statt mit Äpfel den Rosenkohl mit Maronen aus der Dose mischen. So schmeckt er besonders gut zu Gänse-, Enten- oder Wildbraten.

Sauerkraut auf badische Art

2 Zwiebeln, 2 säuerliche Äpfel, 20 g Gänseschmalz, 600 g frisches Sauerkraut (nicht aus der Dose), ¼ l Riesling, 5 Wacholderbeeren, 1 Knoblauchzehe, ½ TL Kümmel, 1 Möhre, 125 g grüne Weinbeeren.

(Foto Seite 89)

Die Zwiebeln und die Äpfel schälen. Zwiebeln hacken, Äpfel vierteln, entkernen und in dünne Scheiben schneiden. In dem heißen Gänseschmalz goldgelb dünsten. Das Sauerkraut dazugeben, andünsten und mit Riesling auffüllen. Die Wacholderbeeren, den geschälten, grobgehackten Knoblauch und den Kümmel unterrühren. Die geschabte Möhre im Ganzen auf das Sauerkraut legen. Mit einem Stück eingefettetem Pergamentpapier belegen und den Topf mit einem Deckel verschließen. Das Sauerkraut so gut 90 Min. bei mittlerer Hitze schmoren lassen. Das Pergamentpapier und die Möhre entfernen. Das Kraut mit den halbierten, entkernten Trauben mischen, noch 1 Min. durchziehen lassen und als Beilage zu Fasan, anderem Wildgeflügel und Schlachtplatten servieren.

Oben: Rosenkohl auf Hausfrauenart
Unten: Blumenkohl mit Schinken (Rezept S. 90)

Bohnen auf Haushofmeisterart

750 g Delikateßbohnen, Salz, Wasser, 1 Stengel Bohnenkraut, schwarzer Pfeffer aus der Mühle, 65 g Kräuterbutter (fertig gekauft).

(o. Abb.)

Die Bohnen von Blüten- und Stengelansätzen befreien und gründlich waschen. In reichlich gesalzenes Wasser legen, so daß sie eben bedeckt sind. Das Bohnenkraut obenauf legen. In etwa 15 Min. beißfest kochen (wer die Bohnen weicher liebt, kocht sie entsprechend länger). Auf einem Durchschlag gut abtropfen lassen. In eine vorgewärmte Schüssel geben und mit Pfeffer bestreuen. Die Butter in Scheiben geschnitten darüber verteilen. Rasch servieren. Erst bei Tisch mischen.

Als Beilage zu Lamm- oder Hammelfleisch in jeder Zubereitungsart, zu Sauerbraten, Rinderfilet oder Hackbraten reichen.

Variation: Die Bohnen vor dem Garen bündeln, das heißt etwa 12 bis 15 Böhnchen mit Rouladengarn umwickeln. Nach dem Kochen die Fäden entfernen. Die Bündelchen in zuvor blanchierte, gut abgetrocknete Speckscheiben wikkeln und diese in einer tiefen Pfanne rundherum noch kurz braten. Dann die Bohnen in der Speckhülle servieren. So passen sie besonders gut zu kurzgebratenem Fleisch.

Blumenkohl auf polnische Art

1 Blumenkohl von ca. 1000 g, Wasser, Salz, gut ⅛ l Milch, 40 g Butter, 30 g Semmelbrösel, 1 hartgekochtes Ei, 1 EL gehackte Petersilie.

(o. Abb.)

Den Blumenkohl putzen und etwa 15 Min. mit dem Strunk nach oben in stark gesalzenes Wasser legen. Unter fließendem Wasser abspülen, abtropfen lassen. Den Strunk unten kreuzweise einschneiden. Den Blumenkohl in einen Topf mit der Milch geben. So viel Wasser zugießen, daß nur die oberen Röschen heraussehen. Das Wasser salzen. Pro Liter rechnet man etwa 1 TL. Aufkochen lassen und den Blumenkohl zugedeckt in 20 bis 25 Min. bei nicht zu starker Hitze garen. Kurz vor Ende der Garzeit die Butter in einer Pfanne leicht bräunen, die Semmelbrösel darin goldbraun rösten. Das Ei schälen und hakken. Den Blumenkohl aus dem Wasser heben, gut abtropfen lassen und in eine vorgewärmte Schüssel geben. Mit den Semmelbröseln begießen, mit Ei und Petersilie bestreuen. Als Beilage zu allen gebratenen Fleischsorten servieren.

Blumenkohl-Curry

1 großer Blumenkohl von etwa 1200 g, Salz, 2 Zwiebeln, 2 Knoblauchzehen, ½ frische Ingwerwurzel, 4 Tomaten, 1 frische grüne Chilischote, 60 g Butterschmalz, ¼ l heiße Fleischbrühe, 2 EL Curry (am besten eine englische Mischung), 2 EL gehackte Petersilie.

(o. Abb.)

Den Blumenkohl putzen, in Röschen zerteilen und diese in Salzwasser legen. Die Zwiebeln und die Knoblauchzehen schälen und hacken. Die geschälte Ingwerknolle fein hobeln oder reiben. Die Tomaten häuten, vierteln und von den Stengelansätzen befreien. Die gewaschene Chilischote von allen Kernen befreien und fein hakken. Butterschmalz erhitzen, zuerst Zwiebeln und Knoblauch darin glasig werden lassen. Dann den gründlich abgetropften Blumenkohl und die übrigen vorbereiteten Zutaten hineingeben. Unter Rühren 5 Min. anbraten. Mit Fleischbrühe ablöschen. Mit Salz und Curry pikant würzen und zugedeckt 20 Min. schmoren lassen. In eine vorgewärmte Schüssel füllen und mit der Petersilie bestreut servieren.
Als Beilage Hammel- oder Lammfleisch aller Art reichen.

Brokkoli mit Mandeln

750 g Brokkoli, ¼ l Salzwasser, 1 Prise Zucker, 1 EL Zitronensaft, 40 g Butter, 50 g blättrig geschnittene Mandeln.

(o. Abb.)

Den Brokkoli putzen, waschen und abtropfen lassen. Die Stengel, wenn nötig, schälen. Das Wasser aufkochen, Zucker und Zitronensaft hineingeben. Die Brokkolistücke einlegen und zugedeckt in 10 bis 12 Min. beißfest garen. In der Zwischenzeit die Butter schwach bräunen. Die Mandelblättchen darin goldbraun rösten. Brokkoli auf einem Durchschlag gut abtropfen lassen und in eine vorgewärmte Schüssel geben. Mit den Mandeln und der Butter übergießen. Zu feinen Fleischsorten, wie Rinderfilet, Rehmedaillons, Hirschsteaks und ähnlichem servieren.

Chicorée Brüsseler Art

8 möglichst gleich große Chicorée-Stangen, 2 Zwiebeln, 2 Möhren, 75 g durchwachsener Speck, 2 EL Zitronensaft, Salz, schwarzer Pfeffer aus der Mühle, ⅛ l Wasser, 150 g dicke saure Sahne oder Crème fraîche, 1 EL Tomatenpüree, 1 EL Tomatenketchup, 1 EL feingehackte Petersilie.

Die Chicorée-Stangen putzen und von dem Innenkern befreien. Die Stangen dann waschen und abtropfen lassen. Zwiebeln schälen und in Ringe schneiden. Die geschabten Möhren abspülen und in dünne Scheiben schneiden. Den Speck fein würfeln und in einer länglichen Kasserolle auslassen. Die Zwiebeln in dem heißen Speckfett glasigbraten. Einen Teil der Möhren hineingeben, darauf die Chicorée-Stangen legen, mit Zitronensaft beträufeln, salzen und pfeffern und mit den restlichen Möhrenscheiben bestreuen. Das Wasser angießen und alles zugedeckt 25 Min. dünsten lassen. Chicorée und Möhren herausnehmen und auf einer Platte anrichten. Die Dünstflüssigkeit mit saurer Sahne oder Crème fraîche, Tomatenpüree und Tomatenketchup zu einer Soße verrühren und über das Gemüse geben.
Zusammen mit Kartoffelpüree zu kurz gebratenem Fleisch oder Rinderbraten reichen.

Zwiebeln in Weißweinsoße

500 g möglichst kleine, gleichmäßige Zwiebeln, ersatzweise Schalotten, 40 g Butter, 20 g Mehl, ¼ l Fleischbrühe aus Würfeln, ¼ l süße Sahne, 1 EL getrocknetes Suppengrün, Salz, schwarzer Pfeffer aus der Mühle, geriebene Muskatnuß, 1 EL Schnittlauchröllchen.

(o. Abb.)

Die Zwiebeln oder Schalotten schälen und rundherum in der Butter goldbraun braten. Dann das Mehl überstäuben und kurz Farbe nehmen lassen. Mit Fleischbrühe und Sahne unter Rühren ablöschen. Das Suppengrün in ein Mulltuch oder eine Filtertüte einschlagen. In die Flüssigkeit geben. Die Soße mit Salz, Pfeffer und Muskat würzen. Die Zwiebeln in 20 bis 25 Min. bei nicht zu starker Hitze im geschlossenen Topf garen. Das Suppengrün aus der Soße nehmen, diese eventuell mit Salz und Pfeffer nachwürzen. Zwiebeln in eine vorgewärmte Schüssel geben und mit Schnittlauchröllchen bestreut servieren.
Die Zwiebeln passen zu allen hellen Braten, zu Kaninchen, Puter und Wildgeflügel.
Variation: Als Beilage zu Wild die Zwiebeln in einer Mischung aus Butter und Olivenöl anbraten. Dann so viel trockenen Rotwein oder Sherry (fino) angießen, daß die Zwiebeln zur Hälfte bedeckt sind. Zugedeckt langsam garen und die Flüssigkeit um die Hälfte reduzieren.

Glasierte Zwiebeln

500 g sehr kleine Zwiebeln (Perlzwiebeln) oder auch Schalotten, 1 l Wasser, 10 g Salz, 50 g Butter, 40 g flüssiger Honig.

(o. Abb.)

Die Zwiebeln schälen. Das Wasser mit dem Salz aufkochen, die Zwiebeln hineingeben und 15 Min. im geschlossenen Topf weichkochen. Auf einem Durchschlag abtropfen lassen, dann auf eine dicke Lage Haushaltspapier geben und mit Haushaltspapier trockentupfen. Die Butter in einer tiefen Pfanne erhitzen, aber nicht bräunen lassen. Die Zwiebeln hineingeben und rundherum leicht bräunen lassen. Den Honig dazugeben und die Zwiebeln unter ständigem Rühren ganz von der Butter-Honig-Mischung umhüllen.

Als Beilage zu allen hellen Fleischsorten, zu Geflügel oder gebratenem Fisch servieren.

Variation: Zwiebeln dunkel glasiert: Dazu die geschälten Zwiebeln in Butter rundherum goldbraun anbraten. In einem Topf gut ⅛ l Rotwein mit 40 g Zucker aufkochen und die Zwiebeln dazugeben. Dann unter häufigem Rühren bei mittelstarker Hitze so weit einkochen lassen, bis Rotwein und Zucker sirupartig geworden sind und die Zwiebeln ganz umhüllen. Zu Wildgerichten oder dunklen Braten.

Pikantes Lauchgemüse

600 g möglichst gleich große Stangen Lauch (Porree), 1 Knoblauchzehe, 40 g Butter, Salz, schwarzer Pfeffer aus der Mühle, geriebene Muskatnuß, 1 große Dose geschälte Tomaten (800 g), 2 Gewürzgurken.

(o. Abb.)

Den Lauch putzen, waschen und gut abtropfen lassen. Die Knoblauchzehe schälen und hacken. Butter in einem großen Topf erhitzen, den in etwa 6 cm lange Stücke geschnittenen Lauch und den Knoblauch darin leicht anbraten. Mit Salz, Pfeffer und Muskatnuß würzen. Die Tomaten abtropfen lassen, ausdrücken und hacken. Zu dem Lauch geben. Alles zugedeckt 15 Min. dünsten lassen. Eventuell noch etwas Tomatensaft dazugeben. Die Gurken in ganz dünne Streifen schneiden, zum Lauch geben und erhitzen.

Als Beilage zu gegrilltem Fleisch, zu Hacksteaks, Hackbraten oder Schweinebraten servieren.

Mein Tip: Den Tomatensaft pikant würzen und als Drink statt einer Vorspeise reichen. Oder eine leichte Mehlschwitze zubereiten, mit dem Tomatensaft ablöschen, mit etwas Gin und Sahne verfeinert als Vorsuppe servieren.

Überbackene Zwiebeln

500 g möglichst kleine und gleich große Zwiebeln, 1 l Wasser, Salz, 60 g Butter, 25 g Mehl, $\frac{1}{8}$ l Fleischbrühe aus Würfeln, $\frac{1}{8}$ l süße Sahne, weißer Pfeffer aus der Mühle, geriebene Muskatnuß, 3 EL Semmelbrösel.

(o. Abb.)

Die Zwiebeln schälen. Das kräftig gesalzene Wasser aufkochen, die Zwiebeln hineingeben und im offenen Topf 15 Min. kochen. Sie dürfen jedoch nicht ganz weich sein. Auf einem Durchschlag gut abtropfen lassen. Während die Zwiebeln garen, eine Soße bereiten. 30 g Butter erhitzen, das Mehl hineingeben und hell anschwitzen. Unter Rühren mit Fleischbrühe und Sahne ablöschen und 5 Min. köcheln lassen. Mit Salz, Pfeffer und Muskatnuß abschmecken. Eine feuerfeste Form mit Butter einfetten und mit Semmelbröseln ausstreuen. Die Zwiebeln hineingeben, mit den restlichen Semmelbröseln bestreuen. Die restliche Butter schmelzen und darüberträufeln. Mit der Sahnesoße bedecken und in dem auf 220° (Gas Stufe 4) vorgeheizten Ofen 15 Min. überbacken, bis die Soße eine zartbraune Kruste bekommen hat. In der Form servieren. Als Beilage zu kurzgebratenem oder gegrilltem Fleisch, hellen Braten, Wild und Wildgeflügel oder Fischfilet reichen.

Zwiebelpüree Parmentier auf neue Art

350 g Zwiebeln, 50 g Butter, gut $\frac{1}{8}$ l trockener Weißwein, Salz, 350 g Kartoffeln, 100 g Crème fraîche, 100 g Sahne, schwarzer Pfeffer aus der Mühle, je 1 TL gehackte Petersilie und Schnittlauchröllchen.

(o. Abb.)

Die Zwiebeln schälen und fein hacken. In der Butter goldgelb anbraten. Mit Wein ablöschen und mit Salz würzen. Zugedeckt bei milder Hitze in etwa 20 Min. ganz weichdünsten. In der Zwischenzeit die Kartoffeln als Pellkartoffeln kochen. Die Zwiebeln durch ein Sieb streichen. Die Kartoffeln abschrecken und pellen, dann durch die Kartoffelpresse drücken. Zwiebelpüree und Kartoffelpüree mischen, Crème fraîche und Sahne dazugeben. Unter ständigem Rühren langsam erwärmen. Wenn die Mischung zu flüssig ist, in die gewünschte Konsistenz einkochen lassen. Dabei aber ständig rühren, damit sie nicht ansetzen kann. Mit Pfeffer und Salz abschmekken. In eine Schüssel füllen und mit Petersilie und Schnittlauchröllchen bestreut servieren. Dieses feine Püree schmeckt zu kurzgebratenem Fleisch, zu Fisch und zu Wildgeflügel.

Gemüsepüree

400 g Gemüse (geputzt gewogen), ⅛ l Instant-Fleischbrühe, ⅛ l Crème fraîche, schwarzer Pfeffer aus der Mühle, Salz, 20 g Butter.

Gemüsepürees, inzwischen fester Bestandteil der neuen, leichten Küche, galten lange Zeit selbst bei Feinschmeckern als eine Abwandlung von Kindernahrung. Mittlerweile haben sich aber auch diese Gegner davon überzeugen lassen, daß viele Gemüse gerade als Püree erst ihr volles Aroma so recht entfalten. Wichtig ist vor allem, daß das Gemüse so frisch wie möglich ist. Geeignet sind: Möhren (Karotten), Knollensellerie, Fenchel, Brokkoli, Spargel, Schwarzwurzeln, Wirsing, Bohnen, Champignons, Zwiebeln, Rote Bete, Pastinaken.

(Grundrezept)
Das geputzte Gemüse in der Fleischbrühe und 1 EL Crème fraîche ganz weichkochen. Dabei in den letzten 5 Min. den Topf offen lassen, damit die Flüssigkeit verdampfen kann. Das Gemüse abkühlen und im Mixer pürieren. Mit der restlichen Crème fraîche verrühren und wieder in den Topf zurückgeben. Unter häufigem Umrühren noch etwas einkochen lassen. Mit Pfeffer und Salz abschmecken. Neben dem Herd die Butter in Flöckchen unterschlagen. Das Püree sofort auftragen.
Gemüse-Pürees eignen sich als Beilage zu allen kurzgebratenen Fleischstücken, zu Geflügel, zu gegrilltem, gebratenem oder pochiertem Fisch.
Mein Tip: Alle Gemüsepürees bekommen einen besonderen Pfiff, wenn sie unmittelbar vor dem Servieren noch mit frisch gehackter glatter Petersilie gemischt oder bestreut werden. Aber auch andere Kräuter passen ganz hervorragend. Zum Beispiel Fenchelgrün zu Fenchel, Dill zu Möhren, Schnittlauch zu Spargel, Kerbel zu Schwarzwurzeln, Majoran zu Zwiebeln. Wenn Sie übrigens das Püree nicht ganz so fein haben möchten, kochen Sie das Gemüse nur „al dente", also noch beißfest, und drehen es dann durch die grobe Scheibe des Fleischwolfs, statt es im Mixer zu pürieren.

Gemüsepürees von Möhren, Fenchel und Brokkoli

Dicke Bohnen

2 000 g dicke Bohnen,
1½ Bund Bohnenkraut,
Salz, 40 g Butter.

(o. Abb.)

Dicke Bohnen enthülsen. Zusammen mit einem Bund Bohnenkraut in reichlich kochendes Salzwasser geben und (je nach Größe und Alter der Bohnen) 4 bis 10 Minuten sprudelnd kochen lassen. Die Bohnen abgießen und zum restlosen Verdampfen aller Flüssigkeit noch kurz auf den Herd stellen. Harte oder alte Bohnenkerne sollten nun von der dicken Haut befreit werden, bei jungen, zarten ist das nicht notwendig. Butter in einem Topf schmelzen lassen. Die Bohnen darin erwärmen. In eine Schüssel füllen und mit dem restlichen, zwischendurch fein gehackten Bohnenkraut bestreut servieren.
Die Bohnen können zu allen Fleischsorten gereicht werden. Sie schmecken aber besonders gut zu Rinderbraten und Rinderschmorbraten.

Gedünsteter Rosenkohl

1 000 g Rosenkohl,
Wasser, Salz, weißer
Pfeffer aus der Mühle,
geriebene Muskatnuß,
50 g Butter.

(o. Abb.)

Den Rosenkohl putzen. Bei sehr großen Röschen die Strunkenden leicht kreuzweise einschneiden. In einen großen, aber nicht zu hohen Topf geben und nur so viel Wasser zufügen, daß der Boden eben bedeckt ist. Den Kohl mit Salz, Pfeffer und Muskatnuß bestreuen und die Butter in Flöckchen darüber verteilen. Den Kohl im geschlossenen Topf je nach Alter und Größe 10 bis 15 Min. dünsten. In den letzten Minuten den Topf hin und wieder rütteln.
Rosenkohl eignet sich besonders gut als Beilage zu festlichen Braten, aber auch zu kurzgebratenem oder gegrilltem Fleisch.

Fritierte Schwarzwurzeln

750 g Schwarzwurzeln,
Mehl-Essig-Wasser,
Salzwasser, 1 EL Butter,
2 EL Essig, 125 g Mehl,

Die gewaschenen Schwarzwurzeln schälen und sofort in das Mehl-Essig-Wasser legen. Wenn alle fertig sind, in 8 bis 10 cm lange Stücke schneiden. In das kochende Salzwasser einle-

**1 kräftige Prise Salz,
2 Eigelb, 3 EL Olivenöl,
knapp ¼ l helles Bier,
2 Eiweiß, Kokosfett.**

(o. Abb.)

gen, Butter und Essig dazugeben. Zugedeckt in 50 bis 60 Min. weichkochen. In der Zwischenzeit den Ausbackteig herstellen: Mehl, Salz, 2 Eigelb, Olivenöl und Bier mit dem Handrührgerät zu einem geschmeidigen Teig verrühren und bei Zimmertemperatur mindestens 45 Min. quellen lassen. Das Eiweiß erst unmittelbar vor dem Gebrauch zu steifem Schnee schlagen und unterheben. Die Schwarzwurzeln gründlich abtropfen lassen, dann noch auf Haushaltspapier legen und trockentupfen. Kokosfett auf 160 bis 170 Grad erhitzen. Schwarzwurzelstücke einzeln durch den Teig ziehen, dann sofort in das heiße Fett geben. Nicht mehr als fünf Stücke auf einmal fritieren. Gut abtropfen lassen, auf einer Platte warm halten, bis alle Stücke fertig sind. Dann mit etwas Salz bestreut servieren.

Sie schmecken als Beilage zu allen kurzgebratenen oder gegrillten Fleischgerichten.

Oder man serviert sie mit einer Remouladensoße als Vorspeise.

Variation: Statt der Schwarzwurzeln können auch vorgekochte Pastinaken (siehe Seite 16) auf diese Weise zubereitet werden.

Schwarzwurzel-Gemüse

**750 g Schwarzwurzeln,
Mehl-Essig-Wasser,
Salzwasser, ½ l Milch,
1 Zwiebel, 40 g Butter,
30 g Mehl, ¼ l Gemüse-
kochbrühe, ¼ l Milch,
¼ l Sahne, Salz,
geriebene Muskatnuß,
1 EL Zitronensaft,
4 EL trockener Weiß-
wein, 1 Eigelb.**

(o. Abb.)

Die gewaschenen Schwarzwurzeln schälen und sofort in das Mehl-Essig-Wasser legen. ½ l Salzwasser mit der Milch zum Kochen bringen, die in etwa 4 cm lange Stücke geschnittenen Schwarzwurzeln hineingeben und zugedeckt in 15 Min. halbgar kochen. In der Zwischenzeit die Zwiebel schälen und in der heißen Butter goldgelb braten. Das Mehl dazugeben und unter Rühren hell anschwitzen lassen. Mit der abgemessenen Kochbrühe, Milch und Sahne unter Rühren ablöschen. Mit Salz und Muskatnuß abschmecken. Die Schwarzwurzeln abgießen, in die Soße geben und bei milder Hitze noch 35 bis 40 Min. köcheln lassen, bis die Schwarzwurzeln ganz weich sind. Die Soße mit dem Zitronensaft und Weißwein verfeinern, mit Eigelb legieren.

Schwarzwurzel-Gemüse eignet sich hervorragend als Beilage zu Rinderbraten aller Art.

Gemüse-Flan

400 g Gemüse (geputzt gewogen), 1 kräftige Prise Salz, 1 Eiweiß, 2 EL Crème fraîche, weißer Pfeffer aus der Mühle, geriebene Muskatnuß, Butter zum Einfetten.

Für Gemüse-Flans, die auch Gemüsekuchen genannt werden, eignen sich alle knackigen, frischen Gemüsesorten, wie zum Beispiel Möhren, Rote Bete, Spargel, Wirsing, Lauch, Blumenkohl, Fenchel, Bleichsellerie oder Brokkoli.

(Grundrezept)
Das Gemüse in kleine Stücke schneiden. In einen Topf geben, salzen und nur etwa einfingerhoch Wasser dazugeben. Zugedeckt bei nicht zu starker Hitze weichkochen. Etwa 5 Min. vor Ende der Garzeit den Deckel abnehmen, damit die Flüssigkeit verdampfen kann. Das Gemüse abkühlen lassen, dann im Mixer pürieren. Wenn das Püree noch zu flüssig ist, wieder in den Topf zurückgeben und unter ständigem Rühren fast trocken eindämpfen lassen. Dann in eine Schüssel geben. Das Eiweiß steifschlagen. Zusammen mit der Crème fraîche unter die Gemüsemasse ziehen. Mit Salz, Pfeffer und nach Belieben Muskatnuß abschmecken. 4 kleine Soufflé- oder feuerfeste Portionsförmchen mit Butter einfetten. Die Flan-Masse hineingeben. Die Förmchen in eine mit heißem Wasser gefüllte Metallschale stellen und in dem auf 180° (Gas Stufe 2) vorgeheizten Backofen in 30 bis 40 Min. stocken lassen. Auf vorgewärmte Teller stürzen und sofort servieren. Gemüse-Flans eignen sich als Vorspeise oder als Zwischengericht bei einem festlichen Menü ebenso wie als Beilage zu großen Braten aller Art.

Mein Tip: Um ganz sicher zu sein, daß die Flans sich mühelos aus den Förmchen lösen, kann man diese noch hauchdünn mit Semmelbröseln ausstreuen. Eine besonders interessante Geschmacksnote ergibt es jedoch, wenn man statt der Bröseln gemahlene Haselnüsse verwendet.

Gemüse-Flans von Blumenkohl, Rote Bete und Wirsing

Hauptsache Gemüse

Es ist nicht nur ein Ergebnis der neuen Eßgewohnheiten, Gemüse zum Mittelpunkt einer Mahlzeit oder eines Gerichts zu machen. Vielmehr entstammen etliche Rezepte, wie zum Beispiel Grünkohl auf norddeutsche Art, den Landschaftsküchen und stellen deftige Genüsse dar. Vegetarische Kost werden

Sie also in diesem Kapitel vergeblich suchen. Dafür finden Sie leckere Kombinationen, die Anregung zu eigenen Experimenten geben wollen. Das Rezept stellt also sozusagen nur ein Gerüst dar, das nach Herzenslust variiert werden kann. Gemüse verträgt sich nämlich mit fast allen anderen Produkten, die uns Mutter Natur liefert, seien es Eier, Fisch, Fleisch, Meerestiere. Wo Schinken angegeben ist, kann er durchaus durch Krabben ersetzt werden, statt Fleisch können Sie Räucherfisch oder gebratenes Fischfilet verwenden. Eier, ob gerührt, gebraten, gebacken oder pochiert, passen zu fast allen Gemüsesorten. Kurz und gut: Der Fantasie sind keine Grenzen gesetzt.

Nur, was die Beilagen betrifft, ist ein gewisser Konservativismus angebracht. Kartoffeln oder Brot passen eigentlich immer. Reis und Teigwaren gehen nur mit einigen Gerichten eine harmonische Verbindung ein. Aber auch in diesem Punkt sollte grundsätzlich der persönliche Geschmack entscheiden.

Eine ganz große Rolle bei Gemüsegerichten spielen die Kräuter, die das Eigenaroma vieler Gemüsesorten erst voll zur Geltung bringen, oder solchen, die wenig Eigengeschmack haben, eine interessante Note verleihen. Einige Kombinationen, wie zum Beispiel Dill und Gurken oder Erbsen und Pfefferminze sind sozusagen „klassisch". Getrocknete Kräuter gibt man im allgemeinen schon während des Garvorgangs an ein Gericht. Frische Kräuter sollten, von wenigen Ausnahmen abgesehen, besser erst über das fertige Gericht gestreut werden, weil sich ihre ätherischen Öle und viele Vitamine bei Hitze zu leicht verflüchtigen.

Wenn nicht anders angegeben, sind alle Rezepte für 4 Personen berechnet.

Spargelrollen „Honauer Art"

1500 g Stangenspargel,
40 g Butter, ½ TL Salz,
½ TL Zucker,
125 g Schwarzwälder
Schinken,
hauchdünn geschnitten,
50 g grob geriebener
Emmentaler Käse,
Paprika edelsüß.

Den gewaschenen Spargel sorgfältig schälen und die unteren Enden abschneiden. 10 g Butter in einem länglichen Topf schmelzen, die Spargelstangen hineinlegen, mit Salz und Zucker bestreuen und so viel kochendes Wasser angießen, daß die Spargel eben bedeckt sind. In 20 bis 25 Min. garen. Die Stangen sollen noch „Biß" haben. Den Spargel gut abtropfen lassen. Alle Stangen in der Mitte halbieren und zu vier kleinen Bündeln zusammenfassen. Eine feuerfeste Servierplatte mit etwas Butter einfetten. Die Spargelbündel darauf anrichten, mit den Schinkenscheiben belegen und mit Käse bestreuen. Die restliche Butter schmelzen lassen und darüberträufeln. Unter den vorgeheizten Grill schieben und den Käse schmelzen lassen. Dann sofort servieren.

Als Beilage neue Kartoffeln und hauchdünne Eierpfannkuchen dazu reichen. Das passende Getränk ist ein trockener badischer Wein, zum Beispiel Riesling oder Müller-Thurgau.

Feiner Gemüseauflauf

1 kleiner Blumenkohl,
Salz, 250 g gekochter
Schinken, 5 Eier,
schwarzer Pfeffer
aus der Mühle,
1 Prise
geriebene Muskatnuß,
200 g kleine Möhren,
250 g Kartoffeln,
⅛ l Milch, ⅛ l Sahne,
Streuwürze,
150 g geriebener Käse.

(o. Abb.)

Den in große Rosen zerteilten Blumenkohl in kräftig gesalzenes Wasser legen, um eventuell vorhandenes Getier zu entfernen. Den Schinken grob würfeln, dann zusammen mit einem Ei im Mixer zerkleinern. Mit Pfeffer und Muskatnuß abschmecken. Mit einem Eßlöffel kleine Klößchen abstechen und in kochendes Salzwasser einlegen. Darin dann aber nicht kochen, sondern nur 5 Min. ziehen lassen. Mit einem Schaumlöffel herausnehmen. Die geschälten Möhren längs in Streifen, die geschälten Kartoffeln in dünne Scheiben schneiden. Milch, Sahne und die restlichen Eier verquirlen und mit Streuwürze abschmecken. Nach Belieben noch mit Pfeffer und/oder Muskatnuß würzen. Die abgetropften

Blumenkohlrosen in die Mitte einer feuerfesten Form geben. Mit Möhren, Kartoffeln und Klößchen umlegen und mit der Eiermilch begießen. Mit Käse bestreuen und etwa 40 Min. in dem auf 200° (Gas Stufe 3) vorgeheizten Ofen überbacken.
Dazu frisches Weißbrot reichen.

Gurken-Kasserolle

2 Salatgurken ohne Kerne, 3 Zwiebeln, 2 kleine Knoblauchzehen, 3 EL bestes Olivenöl, 375 g Rinderhackfleisch, 1 EL Paprika edelsüß, Salz, weißer Pfeffer aus der Mühle, je 1 EL frischer gehackter Thymian, frisches Basilikum und glatte Petersilie (ersatzweise je ½ TL getrocknete Kräuter), 1 kleine Dose geschälte Tomaten (400 g), 125 g Langkornreis, ½ l Salzwasser.

(Foto Seite 105)

Die gewaschenen Gurken schälen, längs halbieren und die Hälften in vier Teile schneiden. Die geschälten Zwiebeln und den geschälten Knoblauch fein hacken. Das Öl in einer Kasserolle erhitzen. Zwiebeln und Knoblauch darin goldgelb braten. Das Hackfleisch dazugeben und unter Rühren Farbe nehmen lassen. Mit Paprika bestäuben und so lange rühren, bis der Paprika ganz und gar vom Fett aufgenommen ist. Dann erst mit Salz und Pfeffer pikant würzen und noch 2 Min. scharf braten. Die Hitze reduzieren. Die Kräuter und die zuvor grob zerhackten Tomaten mit ihrem Saft dazugeben. Die Gurkenstücke auf das Ragout legen und alles zugedeckt bei milder Hitze 25 Min. schmoren lassen. Nebenher den Reis mit dem Salzwasser zum Kochen bringen, dann bei ganz schwacher Hitze garziehen lassen. Den Reis mit zwei Eßlöffeln oder einem Eisportionierer zu Kugeln formen. Das fertige Gurkengericht damit umlegen. In der Kasserolle servieren.
Dazu paßt ein kräftiger italienischer oder französischer Landwein.
Variation: Statt Gurken können Sie für diese Kasserolle auch Zucchini verwenden. Man sollte jedoch darauf achten, daß die Früchte nicht zu groß sind. Je kleiner die Zucchini, um so saftiger. Große, ältere Früchte können leicht mehlig oder sogar pappig schmecken. Sollten Sie das Glück haben, frische Flaschentomaten zu bekommen, wird das Gericht noch „südländischer".

82

Dicke Bohnen mit Speck

2000 g junge dicke Bohnen, 200 g mild geräucherter durchwachsener Speck, 20 g Butter, 2 Zwiebeln, Salz, schwarzer Pfeffer aus der Mühle, 1 Bund Bohnenkraut, 1/16 l Wasser.

(o. Abb.)

Die Bohnen enthülsen. Den Speck würfeln und bei nicht zu starker Hitze langsam ausbraten. Die Butter dazugeben. Zwiebeln schälen, hacken, zum Speck geben und goldgelb braten. Dann die Bohnen hinzufügen. Mit Salz und Pfeffer bestreuen. Das gewaschene Bohnenkraut in den Topf legen. Mit Wasser aufgießen und die Bohnen in etwa 10 Min. garen. Vor dem Servieren das Bohnenkraut entfernen. Zu den Bohnen nur junge Kartoffeln servieren.

Bunter Bohnentopf

150 g getrocknete weiße Bohnen, 500 g grüne Bohnen, 75 g durchwachsener Speck, 20 g Butterschmalz, 2 Zwiebeln, 1/4 l Fleischbrühe aus Würfeln, 1 Stengel Bohnenkraut, 250 g frische Pfifferlinge oder Champignons, 4 Möhren, 6 Tomaten, Salz, schwarzer Pfeffer aus der Mühle, 4 Kalbsbratwürste, 2 EL gehackte Petersilie.

(o. Abb.)

Die weißen Bohnen mit 1/2 l Wasser bedecken und über Nacht quellen lassen. Am nächsten Tag mit dem Einweichwasser zum Kochen bringen und in etwa 45 Min. garen. In der Zwischenzeit die grünen Bohnen putzen, waschen und abtropfen lassen. Den Speck fein würfeln, in dem heißen Butterschmalz auslassen. Die geschälten, gehackten Zwiebeln dazugeben und goldgelb braten. Die grünen Bohnen dazugeben, mit Fleischbrühe auffüllen und das Bohnenkraut dazugeben. Zugedeckt 25 Min. bei nicht zu starker Hitze kochen lassen. Nach 10 Min. die geputzten, gewaschenen und abgetropften Pilze und die geschälten, ganz fein gehackten Möhren dazugeben. Die Tomaten häuten, von den Stengelansätzen befreien, hacken und auch zu den Bohnen geben. Erst jetzt mit Salz und Pfeffer abschmecken. Die Brätmasse aus den Würsten in kleinen Klößchen herausdrücken, auf die Bohnen legen und in den letzten 5 Min. mitgaren lassen.
Die weißen Bohnen abtropfen lassen, mit dem übrigen Gericht mischen. Mit Salz und Pfeffer nach Belieben nachwürzen, mit Petersilie bestreut servieren. Dazu entweder frisches Bauernbrot oder Salzkartoffeln reichen.

Gemüse-Lasagne

200 g weiße Lasagne-Blätter, Salz, 1 große Aubergine, Olivenöl, 250 g Möhren, 200 g tiefgekühlte Erbsen.
Für die rote Soße: 1 kleine Dose geschälte Tomaten (400 g), 1 Zwiebel, 20 g Butter, 3 TL Instant-Helle Soße, Rosmarinpulver.
Für die weiße Soße: 125 g frische Champignons, 2 kleine Zwiebeln, 1 Becher süße Sahne (200 g), 3 TL Instant-Helle Soße.
Außerdem: 200 g geriebener Emmentaler oder Parmesankäse.

Die Lasagne-Blätter in reichlich Salzwasser in 12 Min. beißfest kochen. Abgießen, unter kaltem Wasser abschrecken, dann nebeneinander auf Pergamentpapier oder Folie legen. Die Aubergine waschen, vom Stengelansatz befreien und in etwa 3 mm dicke Scheiben schneiden. In reichlich Olivenöl auf beiden Seiten goldbraun braten, auf Haushaltspapier abfetten lassen. Die geschälten, feingewürfelten Möhren und die unaufgetauten Erbsen in wenig Salzwasser in 10 Min. garen.

Für die rote Soße die Tomaten grob hacken. Die geschälte, gehackte Zwiebel in der Butter glasigbraten. Tomaten mit ihrem Saft dazugeben. Im offenen Topf dicklich einkochen. Mit der Instant-Helle Soße binden und mit Rosmarin abschmecken.

Für die weiße Soße die Champignons in Scheiben schneiden, zusammen mit den geschälten, gehackten Zwiebeln in der Sahne 10 Min. dünsten. Mit Instant-Helle Soße binden. Eine feuerfeste Form abwechselnd mit Lasagne-Blättern, den Soßen und dem Gemüse füllen. Den Abschluß bilden Auberginenscheiben und Erbsen, über die rote Soße gegossen wird. Alles dick mit Käse bestreuen und in dem auf 200° (Gas Stufe 3) vorgeheizten Ofen 30 bis 35 Min. überbacken.

Dazu als Getränk einen kräftigen roten Landwein, am besten natürlich einen italienischen, servieren.

Mein Tip: Gemüse-Lasagne ist ein wunderbares Gäste-Verwöhn-Essen. Weil es gut schmeckt und vor allem, weil sich die Hausfrau während der Backzeit in Ruhe frisch machen kann. Haben Sie eine große Gästeschar zu bewirten, können Sie die Lasagne in der Fettpfanne des Backofens bereiten. Um sie noch üppiger zu gestalten, geben Sie noch eine Lage gebratenes Hackfleisch mit viel Zwiebeln und Knoblauch und eine Lage zuvor ebenfalls angebratene Zucchinischeiben oder Kartoffelscheiben dazu.

Oben: Gemüse-Lasagne · Unten: Sellerie-Hähnchen-Topf (Rezept S. 40)

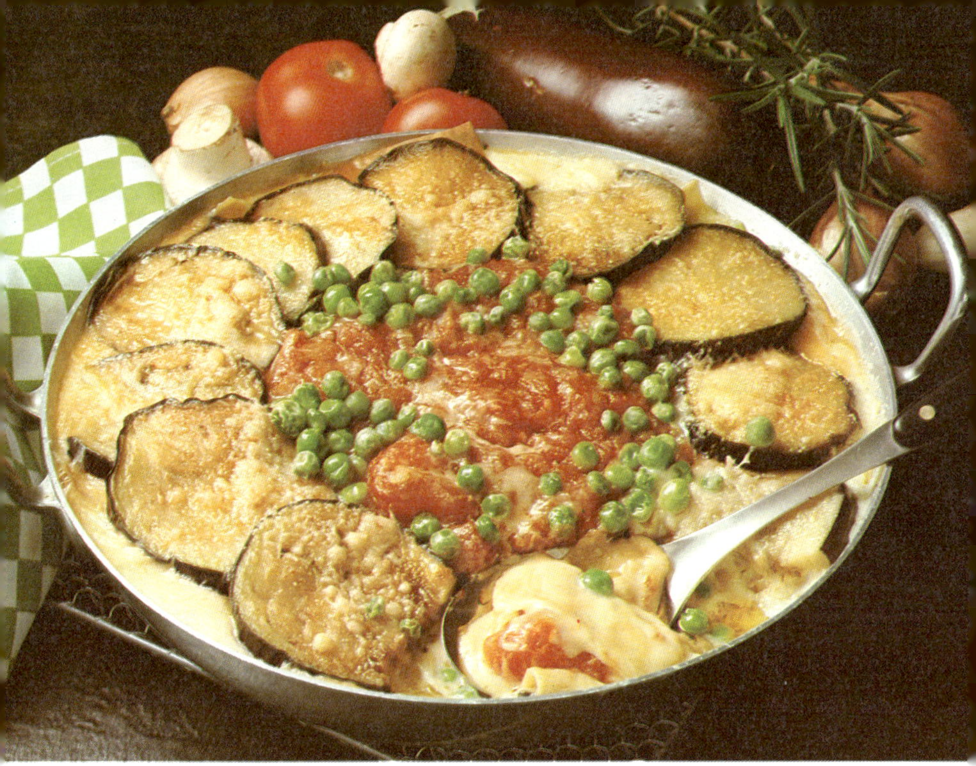

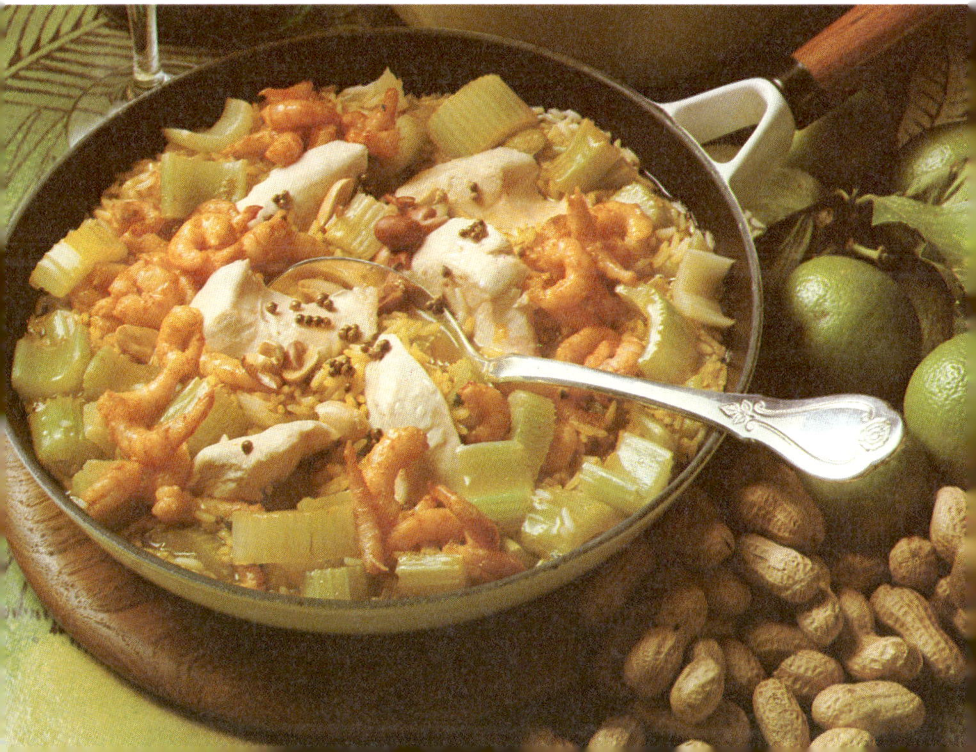

Kürbis-Gratin

750 g Kürbis (geputzt und geschält gewogen), Salz, 6 EL Olivenöl, 500 g Tomaten, 2 Zwiebeln, 1 Knoblauchzehe, 2 EL gehackte Petersilie, Salz, schwarzer Pfeffer aus der Mühle, 1 EL feingehackter Borretsch, 30 g Semmelbrösel, 30 g geriebener Parmesankäse, 20 g Butter, 200 g in hauchdünne Scheiben geschnittener Frühstücksspeck.

(o. Abb.)

Den vorbereiteten Kürbis in daumengroße Stifte schneiden. Reichlich Salzwasser sprudelnd aufkochen und die Kürbisstifte darin 5 Min. blanchieren. Gründlich abtropfen lassen und mit Haushaltspapier trockentupfen. 3 EL Öl in einer Pfanne erhitzen, den Kürbis darin unter häufigem Wenden so lange braten, bis die Stifte glasig zu werden beginnen. In eine feuerfeste Form geben. Das restliche Öl in die Pfanne geben, die zuvor gehäuteten, von den Stengelansätzen befreiten und in Achtel geschnittenen Tomaten sowie die geschälten, gehackten Zwiebeln und den geschälten, gehackten Knoblauch darin dünsten, bis die Tomaten „geschmolzen" sind. Mit der Petersilie mischen und kräftig mit Salz und Pfeffer abschmecken. Über die Kürbisstifte verteilen und mit dem Borretsch bestreuen. Semmelbrösel und Parmesan mischen, über das Gemüse streuen und die Butter in Flöckchen darauf verteilen. In dem auf 200° (Gas Stufe 3) vorgeheizten Backofen etwa 20 Min. gratinieren.

In der Zwischenzeit die Speckscheiben knusprig braten, auf Haushaltspapier abfetten und warm halten. Das Gratin mit den Speckscheiben belegt sofort auftragen.

Dazu frisches Stangenweißbrot oder kräftiges Bauernbrot und einen trockenen italienischen oder spanischen Landrotwein servieren.

Feines Spinat-Gratin

4 tiefgekühlte Hähnchenbrüste, 40 g Butter, 4 kleine Zwiebeln, 1000 g möglichst junger Spinat, 4 EL Olivenöl, Salz, schwarzer Pfeffer aus der Mühle, 4 EL Semmelbrösel.

(o. Abb.)

Die Hähnchenbrüste auftauen lassen, die Filets von den Knochen lösen und in der heißen Butter auf beiden Seiten in etwa 4 Min. braun anbraten. Herausnehmen und in dem Bratfett die zuvor geschälten, in dünne Ringe geschnittenen Zwiebeln glasig werden lassen. Den Spinat verlesen, waschen, gründlich abtropfen lassen und hakken. Eine feuerfeste Form mit 3 EL Olivenöl einfetten und die Hälfte des Spinats hineingeben. Mit Salz und Pfeffer sparsam würzen. Die Brustfilets mit Salz und Pfeffer einreiben und auf den Spinat legen. Darüber die Zwiebelscheiben und den restlichen Spinat verteilen. Wiederum salzen und pfeffern. Mit Semmelbröseln bestreuen und mit dem restlichen Olivenöl beträufeln. In dem auf 200 Grad (Gas Stufe 3) vorgeheizten Backofen 45 bis 50 Min. gratinieren. Mit frischem Stangenweißbrot oder Knoblauchbrot servieren. Dazu schmeckt ein kräftiger, trockener Weißwein.

Überbackener Rosenkohl

1000 g Rosenkohl, Salz, 200 g Tomaten, 2 kleine Zwiebeln, 1 Knoblauchzehe, schwarzer Pfeffer aus der Mühle, ¼ l dicke saure Sahne oder Crème fraîche, 4 EL frischgeriebener Parmesankäse, 4 EL gehackte Mandeln, 20 g Butter.

(o. Abb.)

Den Rosenkohl putzen, große Röschen an den Strunkenden kreuzweise leicht einschneiden. Reichlich Salzwasser zum Kochen bringen und den Kohl darin in 10 bis 15 Min. garen. In der Zwischenzeit die Tomaten häuten und in Scheiben schneiden. Zwiebeln und Knoblauch schälen und fein hacken. Den abgegossenen Rosenkohl in eine feuerfeste Form füllen und mit etwas Pfeffer würzen. Darüber die Tomaten und die Zwiebel-Knoblauch-Mischung geben. Salzen und pfeffern. Mit der sauren Sahne oder Crème fraîche begießen. Parmesan und Mandeln mischen und darüberstreuen. Mit Butterflöckchen belegen. In den auf 200° (Gas Stufe 3) vorgeheizten Ofen schieben und 15 Min. überbacken, bis die Oberfläche eine goldbraune Kruste bildet. Dazu kleine Petersilienkartoffeln und nach Belieben kurz gebratenes Fleisch, rohen oder gekochten Schinken servieren.
Variation: Man kann außer den Gemüsen rohen oder gekochten Schinken oder zuvor ausgelassene Speckwürfel mit dem Kohl mischen. Oder man garniert das fertige Gericht mit gebratenen Speckscheiben.

Grünkohl auf niedersächsische Art

1250 g frischer Grünkohl, Salz, 2 Zwiebeln, 40 g Schweine- oder Gänseschmalz, ½ l heiße Fleischbrühe, schwarzer Pfeffer aus der Mühle, 200 g mild geräucherter durchwachsener Speck, 400 g ausgelöstes Kasseler, 4 Kochwürstchen (Mettwürstchen), 2 EL Haferflocken oder Hafergrütze, 600 g kleine Kartoffeln, 40 g Butter oder Schweineschmalz, 3 EL ganz feiner Zucker.

Den Grünkohl gründlich in kaltem Wasser waschen, abtropfen lassen und die Blätter von den Strünken abstreifen. Reichlich Salzwasser zum Kochen bringen und die Kohlblätter 5 Min. blanchieren. Auf einem Durchschlag abtropfen und leicht ausdrücken. Die geschälten, gehackten Zwiebeln in dem heißen Schmalz glasigbraten. Den Kohl dazugeben, mit der Fleischbrühe auffüllen und nach Belieben mit Pfeffer abschmekken. Den Kohl bei milder Hitze zugedeckt 90 Min. schmoren lassen. Nach 30 Min. den durchwachsenen Speck und das Kasseler, nach weiteren 30 Min. die Mettwürstchen auf den Kohl legen. Fleisch und Würstchen auf einer Platte warm stellen. Den Kohl mit den Haferflocken binden und nach Belieben mit Salz und Pfeffer nachwürzen.

Zwischendurch die Kartoffeln als Pellkartoffeln kochen, schälen und in dem heißen Fett rundherum braun braten. Den Zucker über die Kartoffeln streuen, die Pfanne kräftig rütteln, dann den Zucker unter ständigem Rühren schmelzen lassen, so daß die Kartoffeln von einer zarten Karamelschicht umhüllt sind.

Kohl, Fleisch und Kartoffeln getrennt servieren. Zu diesem schweren, fetten Gericht sollte man ein kräftiges Bier und einen klaren Schnaps reichen.

R *und um Oldenburg und Bremen wird traditionell Pinkelwurst, eine fette, geräucherte Grützwurst, zum Grünkohl serviert. Rund um Braunschweig ißt man dazu Brägenwurst, die aus Schweinefleisch, Speck und Hirn oder Leber unter Zusatz von Graupen oder Grütze hergestellt wird. Oft werden zusätzlich Winterbirnen mitgekocht. In einigen Gegenden Schleswig-Holsteins wird statt aller Fleischsorten Schweinebacke in den Kohl gegeben, der oft mit etwas Zucker und Sahne abgeschmeckt wird.*

Oben: Sauerkraut auf badische Art (Rezept S. 64) · Unten: Grünkohl

Blumenkohl mit Schinken

1 großer Blumenkohl,
Salz, 1 l Wasser,
⅛ l Milch, 2 Zwiebeln,
40 g Butter,
200 g gekochter
Schinken ohne Fettrand,
175 g Emmentaler Käse,
150 g dicke saure Sahne
oder Crème fraîche,
1 Ei, geriebene Muskat-
nuß, schwarzer Pfeffer
aus der Mühle,
4 schnittfeste Tomaten,
2 EL Semmelbrösel.

(o. Abb.)

Den Blumenkohl putzen, dabei den Strunk tief abschneiden. Den Kohl für 15 Min. in stark gesalzenes Wasser legen, damit eventuell vorhandenes Ungeziefer entfernt wird. Wasser und Milch mit reichlich Salz aufkochen, den Kohl hineingeben und zugedeckt bei nicht zu starker Hitze in 20 Min. garen. In der Zwischenzeit die geschälten Zwiebeln hacken und in 20 g Butter glasigbraten. Den Schinken und den Käse fein würfeln. Beides mit den Zwiebeln, der sauren Sahne oder Crème fraîche und dem Ei mischen. Mit Muskat und Pfeffer pikant abschmecken. Die gewaschenen Tomaten vierteln, dabei die Stengelansätze herausschneiden. Den Blumenkohl abgießen und auf einem Durchschlag abtropfen lassen. Vorsichtig die inneren Röschen herauslösen. Den Blumenkohl in eine feuerfeste Form setzen. Abwechselnd mit Röschen und Tomatenvierteln umlegen. Die entstandene Höhlung mit der Schinkenmischung füllen. Mit Semmelbröseln bestreuen und die restliche Butter in Flöckchen darauf verteilen. Den Blumenkohl in dem auf 200° (Gas Stufe 3) vorgeheizten Ofen 10 Min. überbacken.
Dazu Kartoffelpüree reichen.
Mein Tip: Auch das Kartoffelpüree überbacken: Dazu das Püree in einen Spritzbeutel mit Sterntülle füllen und als dicke Schnecke in eine nicht zu große feuerfeste Form spritzen. Ein Eigelb mit etwas Sahne verquirlen und über das Püree gießen. In den letzten 5 Min. zusammen mit dem Blumenkohl in den Backofen stellen.

Exotische Gemüsepfanne

8 getrocknete schwarze
Pilze (Mu-Err), 1 Aubergine, 1 kleine Zucchini,
1 helle und 2 rote Zwiebeln, 125 g Okraschoten,
6 EL Soja- oder Erdnußöl,
⅛ l Tomatensaft,
2 Stückchen in Sirup
eingelegten Ingwer,
150 g Palmitos (Palm-

Die Pilze in reichlich warmem Wasser 20 Min. quellen lassen. Aubergine und Zucchini abspülen, von den Stengelansätzen befreien und in Scheiben schneiden. Zwiebeln schälen. Die helle Zwiebel hacken, die roten Zwiebeln in breite Streifen schneiden. Die Okraschoten waschen, gründlich trockentupfen und die Stengelansätze abschneiden. 4 EL Öl in einer tiefen Pfanne oder einem flachen Topf erhitzen. Die gehackte Zwie-

herzen) aus der Dose, Streuwürze, 1 Prise Rosmarin.

(o. Abb.)

bel darin goldgelb werden lassen. Dann Auberginen, Zucchini, die abgetropften Pilze und die roten Zwiebeln dazugeben. Mit dem Tomatensaft ablöschen und zugedeckt 20 Min. dünsten lassen. Das restliche Öl in einer zweiten Pfanne erhitzen, die Okraschoten darin unter Rühren 5 Min. braten und beiseite stellen. Ingwerstücke in hauchdünne Scheibchen, die abgetropften Palmherzen in etwa 1 cm dicke Stücke schneiden. Beides zusammen mit den Okraschoten in die Gemüsepfanne geben, erhitzen, aber nicht mehr aufkochen lassen. Erst jetzt mit Streuwürze und Rosmarin abschmecken. Dazu körnigen Reis servieren, der mit Krabben oder winzigen gebratenen Fleisch- oder Fischwürfeln gemischt sein kann.

Mein Tip: Wer das Gericht schärfer liebt, kann mit Sojasoße und etwas Sambal Oelek oder mit einer fertigen indonesischen oder chinesischen Gewürzmischung abschmecken. Eine besondere Note bekommt die Gemüsepfanne, wenn man einen Teil des Tomatensafts durch trockenen Sherry (fino) oder Reiswein ersetzt.

Weißkraut auf polnische Art

1 Weißkohlkopf von etwa 1 500 g, 125 g durchwachsener Speck, 2 Zwiebeln, knapp ¼ l Fleischbrühe aus Würfeln, Salz, schwarzer Pfeffer aus der Mühle, 30 g Butter, 3 EL Semmelbrösel, 3 hartgekochte Eier.

(Foto Seite 101)

Von dem Weißkohl die äußeren Blätter entfernen. Den Kohl dann in Achtel oder Sechstel teilen, dabei den Strunk entfernen. Den feingewürfelten Speck in einem Topf auslassen. Die Grieben herausnehmen und beiseite stellen. Die geschälten, feingehackten Zwiebeln in dem Speckfett glasigbraten. Etwas beiseite schieben und die Kohlstücke ganz kurz anbraten. Mit Fleischbrühe auffüllen und nach Belieben mit Salz und Pfeffer würzen. Zugedeckt 35 Min. schmoren lassen. Kurz vor Ende der Garzeit die Butter erhitzen, die Semmelbrösel darin goldbraun rösten. Die Speckgrieben dazugeben und kurz erhitzen. Die geschälten Eier würfeln. Den Kohl mit Semmelbröseln, Speckgrieben und Eiern bestreut servieren.
Dazu als Beilage lockeres Kartoffelpüree oder ganz kleine Salzkartoffeln servieren.

Gratinierte Lauchstangen

1000 g möglichst gleich große Lauchstangen (Porree), 40 g Butter oder Margarine, 1 TL Streuwürze, 1 kräftige Prise Salz, 1 kräftige Prise Zucker, 1 Hauch gemahlene Muskatnuß, schwarzer Pfeffer aus der Mühle, ⅛ l Wasser, ⅛ l trockener Weißwein, 150 g Emmentaler Käse in Scheiben, Paprika rosenscharf.

Die Lauchstangen putzen, gründlich waschen, abtropfen lassen und möglichst auf eine Länge schneiden. Die Butter oder Margarine in einer länglichen Kasserolle erhitzen, die Lauchstangen hineinlegen und auf beiden Seiten je 2 Min. andünsten. Mit Streuwürze, Salz, Zucker, Muskat und reichlich Pfeffer bestreuen. Das Wasser und den Wein darübergießen. Zugedeckt 15 Min. dünsten. Dann mit den Käsescheiben belegen und in dem auf 220° (Gas Stufe 4) vorgeheizten Ofen so lange überbacken (gratinieren), bis der Käse ganz geschmolzen, aber nicht gebräunt ist. Mit Paprika bestreut servieren. Zu dem Lauch Kartoffelpüree und eventuell gekochten oder rohen Schinken reichen.

Mein Tip: Man kann den Lauch auch vor dem Überbacken aus dem Dünstfond heben und diesen mit etwas Tomatenmark und Crème fraîche zu einer Soße einkochen.

Brokkoli mit Schinken

750 g Brokkoli, ¼ l Salzwasser, 1 Prise Zucker, 1 EL Zitronensaft, 40 g Butter, 2 Zwiebeln, 1 Knoblauchzehe, 250 g gekochter Schinken ohne Fettrand, ⅛ l Sahne, geriebene Muskatnuß, schwarzer Pfeffer aus der Mühle.

(o. Abb.)

Den Brokkoli putzen, waschen, abtropfen lassen. Die dicken Stiele wenn nötig dünn schälen. Wasser mit Zucker und Zitronensaft aufkochen, Brokkoli einlegen und zugedeckt in 12 bis 15 Min. garen. In der Zwischenzeit die Butter erhitzen und die zuvor geschälten, gehackten Zwiebeln darin glasigbraten. Die geschälte, durch die Presse gedrückte Knoblauchzehe und den gewürfelten Schinken dazugeben und kurz mitbraten. Mit Sahne ablöschen und einmal aufkochen lassen. Mit Salz, Muskat und Pfeffer abschmekken. Brokkoli auf einem Durchschlag abtropfen lassen, in eine vorgewärmte Schüssel geben und mit der Schinkensoße übergießen. Dazu Kartoffelpüree oder Petersilienkartoffeln reichen.

Mein Tip: Man kann den Brokkoli auch noch mit „geschmolzenen" Tomaten verfeinern. Abgezogene, geviertelte und entkernte Tomaten in wenig Butter nur kurz dünsten, bis sie eben weich zu werden beginnen. Auf dem Brokkoli anrichten.

Alles, was sich füllen läßt

Von A wie Artischocke bis Z wie Zwiebel lassen sich fast alle Gemüsesorten füllen. Ausnahmen bilden nur wenige Stangen-, Sprossen- und Wurzelgemüse und fast alle Hülsenfrüchte. Ebenso gibt es fast nichts, was man nicht in Gemüse füllen könnte. Die Zubereitungsmethode selber ist uralt und in allen Küchen rund um den Erdball bekannt. Fleisch, Fisch oder Ragouts in Bananenblättern gegart, Feigen- oder Weinblätter mit leckerem Inneren sind den Gästen exotischer Restaurants auch bei uns nichts Fremdes mehr. Aber auch unsere bodenständige Küche kennt eine Unzahl von gefüllten Gemüsen, von der deftigen Kohlroulade bis hin zu den feinen schwäbischen ,,Laubfröschen".

Alle diese Gerichte sind im Grunde problemlos, wenn man die Garzeiten von Gemüsehülle und Farce im Inneren aufeinander abstimmt. Gemüsesorten mit langer Garzeit sollten ,,vorbehandelt" werden, damit ihr Inneres nicht zu fest und damit zäh wird. Darum also Kohlblätter blanchieren, Paprikaschoten und Zwiebeln vorgaren, Auberginen vor dem Füllen anbraten oder -dünsten. Auch bei einigen Farcen, die in zarte Gemüsesorten gefüllt werden, empfiehlt sich ein Anbraten oder Andünsten. Wer Reis als Füllung liebt, sollte diesen nicht ganz ausquellen lassen, sondern ihn mit etwas Flüssigkeit zum Beispiel in Paprikaschoten einfüllen. Dort dehnt er sich während des Schmorens aus und gibt damit der ,,Hülle" eine feste, attraktive Form.

Geschmortes, gefülltes Gemüse läßt sich übrigens ganz hervorragend auf Vorrat zubereiten. Nur darf es nicht mit der Schmorflüssigkeit oder der schon fertigen Soße zusammen aufbewahrt oder eingefroren werden. Man schlägt die einzelnen Stücke locker in Alufolie ein und gibt die Flüssigkeit oder Soße in ein Extragefäß. Was im Kühlschrank aufbewahrt wurde, kann dann in der Soße erwärmt werden. Tiefgekühltes läßt man bei Zimmertemperatur auftauen und erwärmt es dann in der ebenfalls langsam aufgetauten Flüssigkeit oder Soße.

Wenn nicht anders angegeben, sind alle Rezepte für 4 Personen berechnet.

Schwäbische Laubfrösche

500 g großblättriger Spinat, Salz, 75 g Schinkenspeck, 2 bis 3 Schalotten, 250 g Bratwurstbrät, 1 EL gehackte Petersilie, 2 kleine Eier, 2 EL Semmelbrösel, Salz, schwarzer Pfeffer aus der Mühle, 80 g Butter, ⅛ l Fleischbrühe aus Würfeln, 1 hartgekochtes Ei.

Den Spinat verlesen und waschen. Reichlich Salzwasser zum Kochen bringen, den Spinat in einem großen Sieb ganz kurz (nur wenige Sekunden) hineintauchen. Kurz abtropfen lassen und in Eiswasser tauchen. Dann gründlich abtropfen lassen und auf einem sauberen Küchentuch ausbreiten. Den Schinkenspeck ganz fein würfeln. Die geschälten Schalotten reiben. Beides mit dem Wurstbrät, Petersilie, Eiern und Semmelbröseln zu einem Teig verkneten. Mit Salz und Pfeffer abschmecken. Jeweils 3 bis 4 Spinatblätter zusammenlegen und etwa 1 Eßlöffel voll Fleischteig daraufgeben. Die Blätter zu kleinen Rouladen zusammenrollen. 40 g Butter in einem großen, flachen Topf erhitzen, aber nicht braun werden lassen. Die „Laubfrösche" darin rundherum anbraten, aber nur Farbe nehmen, nicht bräunen lassen. Mit Fleischbrühe ablöschen und zugedeckt bei milder Hitze 15 Min. schmoren lassen. Auf einer Platte anrichten, mit Schmorfond umgießen und mit Eischeiben garnieren. Die restliche Butter aufschäumen und darübergießen. Mit Kartoffelsalat oder Kartoffelpüree als Mittagessen servieren. Oder man reicht sie als pikantes Abendessen, zusammen mit frischem Stangenweißbrot und einer pikanten Soße, zum Beispiel einer Sauce Hollandaise oder einer Zwiebelsoße.
Variation: Wenn Sie zarten, aber großblättrigen Sauerampfer bekommen, nehmen Sie ihn anstelle des Spinats. Dann gibt man nur wenig Fleischbrühe als Schmorflüssigkeit an das Gericht, dafür aber reichlich Crème fraîche und etwas Wein. Diese Soße kann zusätzlich mit etwas Tomatenpüree verfeinert und mit grünen oder rosa Pfefferkörnern gewürzt werden.

Gefüllter Kohl im Netz

8 bis 10 große Weißkohl-blätter, je 250 g Sauer-ampfer, Kopfsalat und Spinat, 2 Zwiebeln, 1 Knoblauchzehe, 1 Bund gehackte Petersilie, 400 g Frühstücksspeck, 50 g Semmelbrösel, 6 Eier, 5 EL Crème fraîche, Salz, schwarzer Pfeffer aus der Mühle, geriebene Muskatnuß.

(o. Abb.)

Die Kohlblätter 3 Minuten in kochendem Salz-wasser blanchieren, dann in Eiswasser ab-schrecken und abtropfen lassen.
Sauerampfer, Kopfsalat und Spinat verlesen, wa-schen, gründlich abtropfen lassen und fein hak-ken. Zwiebeln und Knoblauch schälen und eben-falls hacken. Alles mit der Petersilie, dem fein gewürfelten Speck, Semmelbröseln, Eiern und Crème fraîche mischen. Mit Salz, Pfeffer und Muskatnuß pikant abschmecken.
Ein Fleischernetz in eine Schüssel legen und mit den Kohlblättern auskleiden. Die Füllung hinein-geben, mit Kohlblättern bedecken und das Netz fest zusammenziehen. In einem großen Topf reichlich Salzwasser sprudelnd aufkochen. Den Kohl hineinhängen, er soll den Boden nicht be-rühren. Zugedeckt 2 Stunden leise köcheln las-sen. Das Netz entfernen, den Kohl in eine Schüs-sel geben und wie eine Torte aufschneiden.
Dazu Salz- oder Bratkartoffeln, eventuell Soße aus frischen, durchpassierten Tomaten servieren.

Tomaten mit Knoblauchfüllung

2 Brötchen, 4 EL Weiß-wein, 4 bis 5 Knob-lauchzehen, 100 g fri-scher Schafskäse, 4 EL gehackte Petersilie, 1 TL gehackte frische Majoranblätter, 1 EL gehacktes Basili-kum, Salz, schwarzer Pfeffer aus der Mühle, 8 große, nicht zu reife Fleischtomaten, 5 EL Olivenöl.

(o. Abb.)

Die Brötchen auf einer Reibe entrinden. Die Kru-me in kleine Würfel schneiden und mit dem Wein beträufeln. Den Knoblauch schälen und ganz fein hacken. Den Schafskäse ebenfalls würfeln. Knoblauch, Käse und auch die Kräuter mit den getränkten Brotwürfeln mischen. Mit Salz und Pfeffer abschmecken. Die Tomaten waschen, dann mit einem spitzen Messer die grünen Sten-gelansätze herausschneiden. Oben von den Tomaten einen Deckel abschneiden. Die Toma-ten mit einem Löffel vorsichtig entkernen und füllen. 2 Eßlöffel Öl in eine feuerfeste Form ge-ben und die Tomaten hineinsetzen. Die Deckel auflegen und die Tomaten mit dem restlichen Öl beträufeln. In dem auf 200° (Gas Stufe 3) vorge-heizten Ofen 15 bis 20 Minuten garen. Dazu frisches Stangenweißbrot und einen kühlen Rosé servieren.

Wirsingrouladen mit pikanter Reisfüllung

100 g Langkornreis, knapp ½ l Fleischbrühe (aus Würfeln), 3 Zwiebeln, 1 Lorbeerblatt, 1 mittelgroßer Kopf Wirsingkohl, Salz, 250 g Geflügelleber, 40 g Butter oder Butterschmalz, schwarzer Pfeffer aus der Mühle, gerebelter Majoran, 2 EL gehackte Petersilie, 1 TL Paprika edelsüß, 4 Tomaten, 1 EL Tomatenmark, 2 EL Crème fraîche.

(o. Abb.)

Den Reis in die kochende Brühe geben, eine geschälte, gehackte Zwiebel und das Lorbeerblatt dazugeben. Im geschlossenen Topf bei ganz schwacher Hitze in 25 Min. garen. Zwischendurch die Kohlblätter ablösen. Die äußeren wegwerfen. Die restlichen Blätter in reichlich Salzwasser 3 Min. blanchieren, gut abtropfen lassen und auf einem Küchentuch ausbreiten. Die Leber in mundgerechte Stücke schneiden und in 20 g heißem Fett rundherum 3 Min. braten. Mit Salz, Pfeffer und Majoran würzen. Die Wirsingblätter zu vier Kreisen anordnen. Die Hälfte des Reises mit Petersilie mischen und mit den Leberstücken auf die Blätter verteilen. Den restlichen Reis mit Paprika nachwürzen und in die zuvor ausgehöhlten Tomaten füllen. Auf den Reis legen und die Blätter zu Kugeln formen. Die restlichen Zwiebeln schälen und in Streifen schneiden. In einer länglichen Kasserolle in dem restlichen Fett glasig werden lassen. Die Wirsingrouladen dazugeben, kurz anbraten. Mit ¼ l Wasser umgießen. Mit Salz und Pfeffer abschmecken. Die Rouladen zugedeckt 25 Min. schmoren lassen. Auf einer vorgewärmten Platte anrichten. Den Bratfond mit Tomatenmark und Crème fraîche verrühren. Nach Belieben noch mit etwas Paprika abschmecken. Die Soße getrennt reichen oder die Rouladen damit umgießen. Als Beilage kleine Salzkartoffeln oder ganz frisches helles Bauernbrot reichen.

Feine Wirsingrollen mit Speck

1 Wirsingkohl von etwa 1000 g, 150 g Tatar, 150 g Kalbsbratwurstbrät, 100 g gekochter Schinken ohne Fettrand, 1 Ei, 1 Eigelb, 1 EL gehackter Kerbel, 1 EL gehackte Petersilie, Salz, schwarzer Pfeffer aus der Mühle, Zwiebelsalz, geriebene Muskatnuß, 2 Zwiebeln, 125 g durchwachsener Speck.

Den Wirsingkohl in die einzelnen Blätter zerteilen. Das Innere nicht mitverwenden. Die Blätter in kochendem Salzwasser 2 Minuten blanchieren. Je nach Größe immer zwei oder drei Blätter zusammen auf Haushaltspapier legen. Aus Tatar, Wurstbrät, feingehacktem Schinken, Ei, Eigelb und den Kräutern einen Fleischteig kneten. Mit Salz, Pfeffer, Zwiebelsalz und Muskatnuß abschmecken. Etwa daumendicke Würstchen daraus formen, auf die Kohlblätter legen und zu kleinen Rouladen zusammenrollen. Die geschälten Zwiebeln und den Speck in Scheiben schneiden. Eine flache Kasserolle mit Speckscheiben auskleiden, darauf die Zwiebeln und die Wirsingrollen legen. Die Rollen mit den restlichen Speckscheiben bedecken. Die Kasserolle in den auf 180° (Gas Stufe 2) vorgeheizten Ofen schieben und die Rouladen 60 Min. garen. In der Kasserolle servieren.

Als Beilage kleine Salzkartoffeln oder Kartoffelpüree servieren.

Variation: Diese zarte Farce eignet sich auch zum Füllen von Mangoldblättern, Kopfsalat und Weinblättern. Weinblätter bekommt man in Salzlake vakuum verpackt oder in Gläsern. Will man frische verwenden, müssen sie zuvor in kräftig gesalzenem Wasser blanchiert werden.

Mein Tip: Die inneren, gelben Blätter des Wirsings werden für dieses Gericht nicht mitverwendet. Man kann sie bis zum nächsten Tag in einem Frischhaltebeutel in den Kühlschrank stellen und dann zu einem Eintopfgericht verwenden. Oder man blanchiert sie mit den übrigen Blättern und friert sie nach gründlichem Abtropfen für einen späteren Verbrauch ein.

Feine Wirsingrollen mit Speck (3) · Weißkohl-Ananas-Salat (2; Rezept S. 134)
Weißkraut auf polnische Art (1; Rezept S. 91)

Paprika mit Maisfüllung

4 große rote Paprikaschoten, Salz, Paprika edelsüß, ¼ l kräftige Fleischbrühe, 1 Dose Maiskörner (400 g), 200 g grobes Bratwurstbrät, 2 kleine Eier, 1 kleine Zwiebel, 2 EL gehackte Petersilie, weißer Pfeffer aus der Mühle, ⅛ l Sahne, 20 g Butter.

(o. Abb.)

Die Paprikaschoten waschen. Die Stengelansätze rundherum einschneiden, herausheben und von unten her alle Kerne und weißen Rippen entfernen. Die Schoten innen mit Salz und Paprika ausstreuen. Die Fleischbrühe in einem Topf zum Kochen bringen. Die Schoten mit der Öffnung nach oben hineinstellen und zugedeckt 10 Min. vorkochen lassen. In der Zwischenzeit die abgetropften Maiskörner mit dem Brät, den Eiern, der geschälten, gehackten Zwiebel und der Petersilie mischen. Mit Salz und Pfeffer abschmecken. Die Masse in die Paprikaschoten füllen. Die Sahne in die Brühe gießen. Die Butter in Flöckchen auf die Schoten geben. Zugedeckt noch weitere 15 Min. schmoren lassen. In dem Topf servieren.
Dazu frisches Landbrot oder Petersilienkartoffeln reichen.
Variation: Fleischtomaten statt Paprikaschoten füllen. Dann ist eine Vorgarzeit aber nicht nötig.

Artischocken mit Champignon-Käse-Füllung

4 große, fleischige Artischocken, Salz, 2 Zwiebeln oder 3 Schalotten, 50 g Butter, 400 g frische Champignons, 2 Knoblauchzehen, weißer Pfeffer aus der Mühle, 100 g Crème fraîche, 200 g geriebener Emmentaler Käse, 1 Zitrone.

(o. Abb.)

Von den Artischocken die Stengel und die äußeren Blätter abschneiden. Die übrigen Blätter so mit einer Küchenschere stutzen, daß eine gerade Oberfläche entsteht. Reichlich Wasser aufkochen und stark salzen. Die Artischocken darin 25 Min. kochen. Mit dem Schaumlöffel herausnehmen und gründlich abtropfen lassen. Dann die Artischockenblätter in der Mitte vorsichtig auseinanderbiegen, die dünnen Innenblätter entfernen und das „Heu" auf den Böden vorsichtig abzupfen.
Die geschälten Zwiebeln oder Schalotten schon während der Kochzeit fein hacken und in der Butter glasigbraten. Die geputzten, gehackten

Champignons und die geschälten, durch die Presse gedrückten Knoblauchzehen dazugeben und unter häufigem Rühren so lange dünsten, bis keine Flüssigkeit mehr vorhanden ist. Dann erst mit Salz und Pfeffer kräftig würzen, mit Crème fraîche und 150 g Käse vermischen und die Artischocken damit füllen. Die Artischocken in eine feuerfeste Form stellen, mit dem restlichen Käse bestreuen und 20 Min. in dem auf 225° (Gas Stufe 4) vorgeheizten Ofen überbacken. Die Zitrone in Spalten schneiden. Die Artischocken damit garnieren und in der Form servieren.

Die Artischocken können sowohl Vorspeise vor einem leichten Fleisch- oder Fischgericht als auch Abendimbiß sein. In beiden Fällen schmecken ein kühler Rosé oder ein trockener Weißwein dazu.

Gefüllte Zwiebeln

4 Gemüsezwiebeln, 60 g Butter, 175 g frische Champignons oder Pfifferlinge, 150 g gekochter Schinken, 2 EL gehackte Petersilie, 1 EL gehackter Kerbel, 1 TL frische Thymianblättchen, 2 EL Semmelbrösel, 1/4 l Hühnerbrühe aus Instantpulver, 2 Glas (4 cl) trockener Sherry, etwas helle Sojasoße, Salz, schwarzer Pfeffer aus der Mühle.

(o. Abb.)

Von den geschälten Zwiebeln am Wurzelende eine Scheibe abschneiden, damit sie fest stehen können. Die Zwiebeln von oben her bis auf etwa 5 mm Dicke aushöhlen. Kurz in kochendem Wasser blanchieren und mit der Öffnung nach unten auf einem Drahtgitter abtropfen lassen. 125 g Zwiebelfleisch hacken und in der Butter glasigbraten. Die geputzten, ebenfalls gehackten Pilze dazugeben und unter Rühren so lange mit den Zwiebeln dünsten, bis keine Flüssigkeit mehr vorhanden ist. Den Schinken würfeln und zusammen mit den Kräutern und den Semmelbröseln unter die Zwiebel-Pilz-Mischung ziehen. Mit Salz und Pfeffer abschmecken. Alles in die Zwiebeln füllen und diese in eine feuerfeste Form stellen. Mit Hühnerbrühe und Sherry umgießen. Mit etwas Sojasoße abschmecken. Die Zwiebeln in dem auf 200° (Gas Stufe 3) vorgeheizten Backofen in 45 bis 50 Min. garen. Die Zwiebeln in der Form servieren.

Dazu mit Tomaten oder Paprikawürfeln gemischten Reis oder mit Eigelb und reichlich Sahne verfeinertes Kartoffelpüree servieren.

Rotkohlwickel in Rotweinsoße

1 großer Rotkohl, Salz, 350 g Schweinefilet, 20 g Butterschmalz, 125 g gekochter Schinken ohne Fettrand, 1 Ei, 1 Eigelb, 2 EL Semmelbrösel, 1 EL Crème fraîche, 2 EL trockener Sherry (fino), Salz, grob geschroteter schwarzer Pfeffer, 30 g Butter, ¼ l trockener Rotwein (am besten ein Burgunder oder ein Bordeaux), ⅛ l Fleischbrühe (am besten selbstgekocht), 1 Becher süße Sahne (200 g), 1 EL eingelegte grüne oder rosa Pfefferkörner.

Von dem Rotkohl die äußeren, beschädigten Blätter entfernen. Dann etwa 16 Blätter von dem Kohl ablösen (das Kohlinnere für andere Gerichte verwenden). Reichlich Wasser aufkochen und kräftig salzen. Die Kohlblätter darin 3 Min. blanchieren. Gut abtropfen lassen und immer zwei Blätter so zusammenlegen, daß sich acht etwa gleich große „Gruppen" bilden.
Das Schweinefilet in dem sehr heißen Butterschmalz rundherum braun anbraten. Dann erst fein hacken (nicht in den Mixer geben oder durch den Fleischwolf drehen). Mit dem ebenfalls feingehackten Schinken, dem Ei, Eigelb, Semmelbröseln, Crème fraîche und Sherry zu einem geschmeidigen Teig kneten. Mit Salz und Pfeffer abschmecken. Auf die Blätter verteilen und diese zu Rouladen zusammendrehen. In der heißen, aber nicht braunen Butter rundherum anbraten. Mit ⅛ l Rotwein und der Fleischbrühe ablöschen und zugedeckt bei nicht zu starker Hitze 40 bis 45 Min. schmoren lassen. Die Rotkohlwickel herausnehmen und auf einer Platte anrichten. Warm stellen. Den Bratfond mit dem restlichen Rotwein und der Sahne loskochen. Etwas einkochen lassen. Nach Belieben noch mit etwas Salz nachwürzen. Mit dem Pfeffer mischen. Einen Teil der Soße um die Wickel gießen, den Rest getrennt servieren.
Zu diesen fein-deftigen Kohlwickeln passen sowohl Salzkartoffeln als auch Püree oder Kroketten. Der passende Wein ist der, mit dem das Gericht zubereitet wurde.
Variation: Das Schweinefilet muß nicht unbedingt gehackt werden. Man kann es auch roh in acht gleichgroße Scheiben schneiden und diese im heißen Butterschmalz kurz anbraten. Die übrigen Zutaten werden dann zu einer Farce verarbeitet und um das Fleisch gegeben. Dann kommt die Rotkohlhülle darum.

Oben: Rotkohlwickel in Rotweinsoße · Unten: Gurken-Kasserolle (Rezept S. 82)

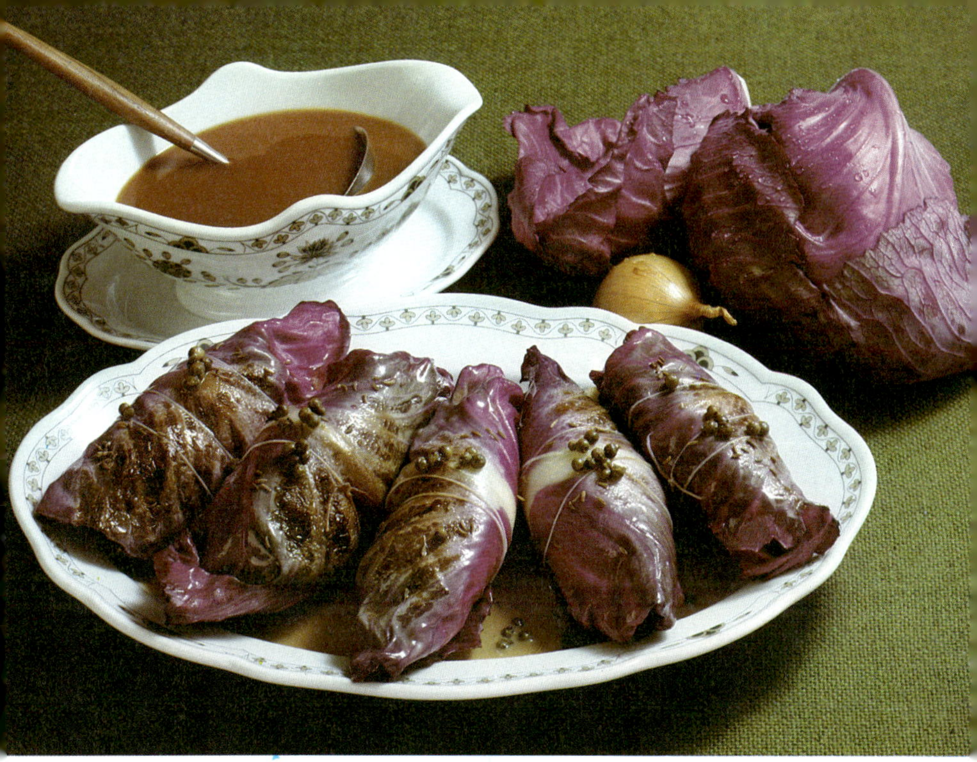

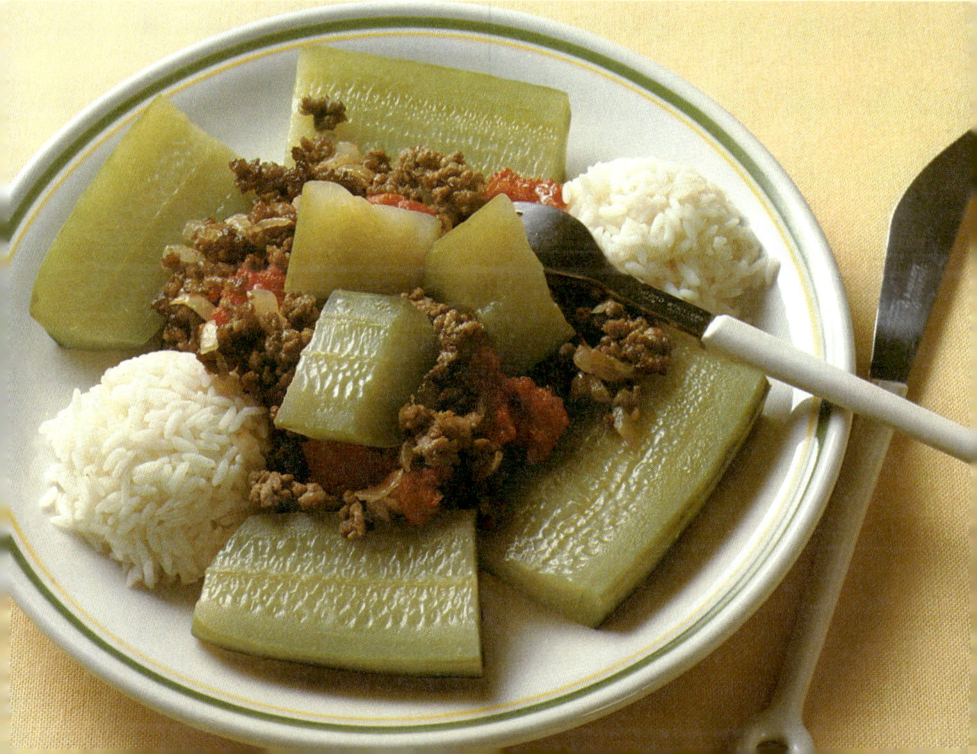

Fenchel
mit Käse überbacken

4 mittelgroße Fenchel-knollen, 1 l Wasser, Salz, Saft einer Zitrone, 200 g Tatar, 200 g Kalbs-bratwurstbrät, 1 kleine Zwiebel, 1 Knoblauchzehe, 1 Ei, 2 EL Semmelbrösel, 1 EL gehackte Petersilie, ⅛ l Fleischbrühe, ⅛ l Sahne, 40 g frisch geriebener Parmesankäse, 20 g Butter.

(o. Abb.)

Den Fenchel putzen, waschen und halbieren. Das Fenchelgrün beiseite stellen. Das Wasser kräftig salzen und aufkochen. Die Fenchelknollen hineinlegen und in 15 Min. halbweich kochen. In der Zwischenzeit Tatar mit Kalbsbratwurstbrät, der geschälten, feingehackten Zwiebel, der geschälten, durch die Presse gedrückten Knoblauchzehe, Ei, Semmelbröseln und Petersilie zu einem glatten Fleischteig verarbeiten. Die Fenchelknollen aus dem Wasser heben und gründlich abtropfen lassen. Die inneren Blätter entfernen und durch die Füllung ersetzen. Die Fenchelhälften nebeneinander in eine große, feuerfeste Form setzen, mit Fleischbrühe und Sahne umgießen. Die Form schließen und in den auf 220° (Gas Stufe 4) vorgeheizten Ofen stellen. Nach 10 Min. die Form öffnen. Den Fenchel mit Käse bestreuen und mit Butterflöckchen besetzen. Noch 10 Min. überbacken. Dazu Kartoffelpüree reichen.
Mein Tip: Das Innere der Fenchelknollen aufheben. Am nächsten Tag im Mixer pürieren, mit heißer Fleischbrühe aus Würfeln mischen. Mit Sahne verfeinern und mit Dill gewürzt als Vorsuppe reichen.

Mangold-Rouladen

32 große Mangold-blätter, 2 Tassen gekochter Langkornreis, 125 g Frühstücksspeck, 4 kleine Möhren, 1 Stengel Bleichsellerie, 1 EL gehacktes Basilikum, Salz, Safran, 2 EL gehackte Pinienkerne, 1 kleine Dose Tomaten (400 g).

(o. Abb.)

Die Mangoldblätter blanchieren und die Stengel abschneiden (sie werden nicht mitverwendet). Den Reis mit dem feingehackten Speck, den geschälten, geriebenen Möhren, dem gehackten Sellerie und dem Basilikum mischen. Mit Salz und Safran abschmecken. Dann erst die Pinienkerne dazugeben. Die Blätter auf der Arbeitsfläche ausbreiten und die Füllung darauf verteilen. Die Blätter vom Stielansatz her aufrollen. Die Tomaten abgießen, den Saft auffangen. Die Tomaten hacken und in eine feuerfeste Form geben. Darauf die Mangoldrouladen anrichten.

Den Tomatensaft mit Salz würzen und darübergießen. Zugedeckt bei 200° (Gas Stufe 3) etwa 30 Minuten schmoren lassen. Dazu nur kräftiges Bauernbrot und einen trockenen Weißwein oder Bier servieren.
Mein Tip: Die Mangoldstiele am nächsten Tag in Butter und wenig Fleischbrühe dünsten. Immer 4 Stiele zusammen in eine Scheibe Lachsschinken einwickeln und mit je einer in Alufolie gegarten und mit Crème fraîche verfeinerten Kartoffel pro Person als Vorspeise servieren.

Gefüllte Zucchini

4 möglichst gleich große Zucchini, 3 Zwiebeln, 2 Knoblauchzehen, 6 EL Olivenöl, 8 Tomaten, 250 g gekochter Schinken, 150 g Emmentaler Käse, 1 Bund Petersilie, Paprika edelsüß, Streuwürze, Oregano oder Majoran.

(Foto Seite 109)

Die Zucchini waschen und die Stengelansätze abschneiden. Längs jeweils einen Deckel abschneiden und das innere Fruchtfleisch mit einem Löffel herausheben. Deckel und Inneres hacken, ebenso die geschälten Zwiebeln und Knoblauchzehen. Alles zusammen in 5 EL Öl unter Rühren so lange dünsten, bis kaum noch Flüssigkeit vorhanden ist. Die Tomaten häuten, vierteln und von den grünen Stengelansätzen befreien. Den Schinken und den Käse würfeln, die gewaschene, trockengeschwenkte Petersilie hacken. Mit etwa $2/3$ des gedünsteten Gemüses mischen und mit Paprika, Streuwürze und Oregano abschmecken. Die Zucchini in eine große feuerfeste Form legen, mit dem restlichen Gemüse und den Tomaten umlegen und mit der Gemüse-Schinken-Mischung füllen. Mit dem restlichen Öl beträufeln und in dem auf 180° (Gas Stufe 2) vorgeheizten Ofen 45 Min. überbacken.
Dazu frisches Bauernbrot und einen kräftigen roten oder weißen Landwein servieren.

Auberginen auf kretische Art

4 mittelgroße, möglichst runde Auberginen, Salz, 150 g altbackenes Weißbrot ohne Rinde, ⅛ l trockener Weißwein, 4 Knoblauchzehen, 6 Sardellenfilets, 1 Bund glatte Petersilie, 4 EL bestes Olivenöl, 1 EL Kapern (Nonpareilles), 1 TL gerebelter Thymian, 1 Msp. Rosmarinpulver, 500 g Fleischtomaten, 100 g geriebener Hartkäse.

Die Auberginen von den Stengelansätzen befreien, dann waschen und abtrocknen. Quer halbieren und die jeweiligen Enden etwa 1 cm dick als Deckel abschneiden. Das Fruchtfleisch mit einem scharfen Messer herauslösen. Die ausgehöhlten Früchte mit Salz bestreuen und „ziehen" lassen. Das Weißbrot im Mixer zerkleinern, dabei nach und nach den Wein dazugeben. Dann die geschälten Knoblauchzehen, die zuvor gründlich unter klarem Wasser abgespülten Sardellenfilets und die gewaschene Petersilie dazugeben. Alles zu einer glatten Masse verarbeiten. Das ausgelöste Auberginenfleisch fein hacken und in 2 EL heißem Olivenöl unter Rühren so lange dünsten, bis kaum noch Flüssigkeit vorhanden ist. Mit den gemixten Zutaten, den abgetropften Kapern, Thymian und Rosmarin mischen. Die Tomaten häuten, von den grünen Stengelansätzen befreien und grob hacken. Das restliche Öl in einer Kasserolle erhitzen, die Tomaten hineingeben und unter gelegentlichem Rühren langsam „schmelzen" lassen. Zwischenzeitlich die gesalzenen Auberginen unter fließendem Wasser abspülen, abtropfen lassen und mit Haushaltspapier trockentupfen. Die Farce hineinfüllen. Die Auberginen in die Tomaten-Öl-Mischung setzen und mit dem Käse bestreuen. Die „Deckel" aufsetzen und die Auberginen in dem auf 200° (Gas Stufe 3) vorgeheizten Ofen etwa 30 Min. garen. Die Auberginen sollen weich sein, aber noch ihre Form haben.

Zu diesem Mittelmeergericht paßt am besten frisches Weißbrot und kräftiger roter Landwein.

Mein Tip: Auf Kreta gibt es ebenso wie auf den meisten anderen griechischen Inseln einen Hartkäse, der dem Parmesan sehr ähnelt. Wir können ihn hier nur in sehr gut sortierten Feinkosthandlungen oder bei griechischen Händlern bekommen. Er läßt sich aber durch Parmesan durchaus ersetzen. Wenn die Möglichkeit besteht, Parmesan am Stück und nicht schon vorgerieben in der Plastiktüte zu bekommen, sollte man sich wirklich die Mühe machen und den Käse selber reiben.

Oben: Gefüllte Zucchini (Rezept S. 107) · Unten: Auberginen auf kretische Art

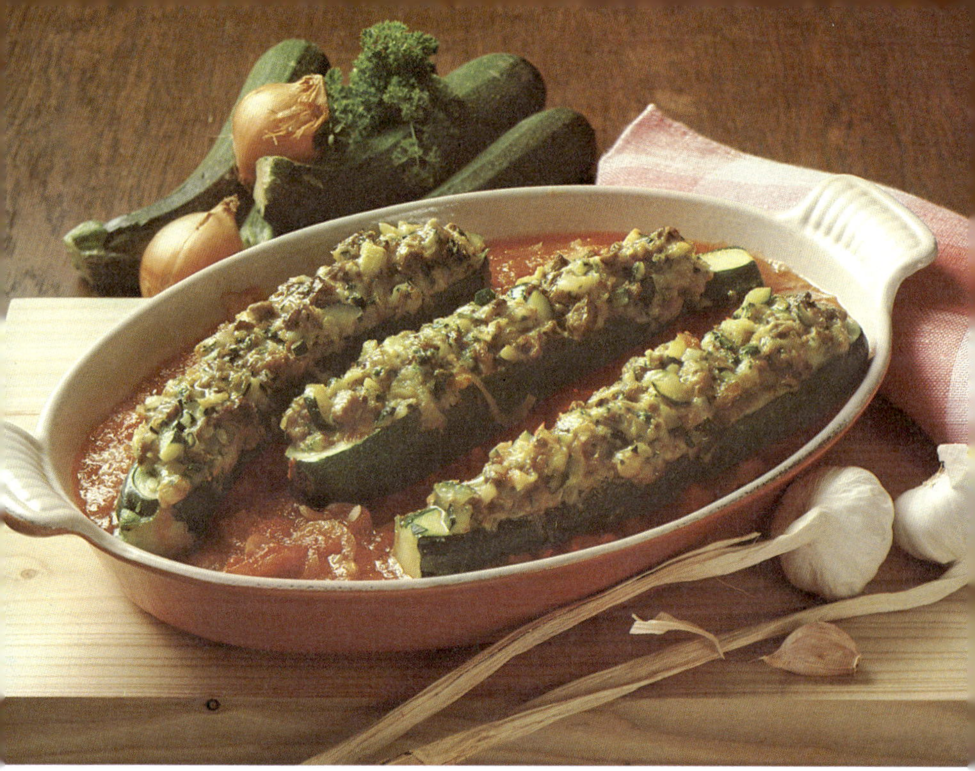

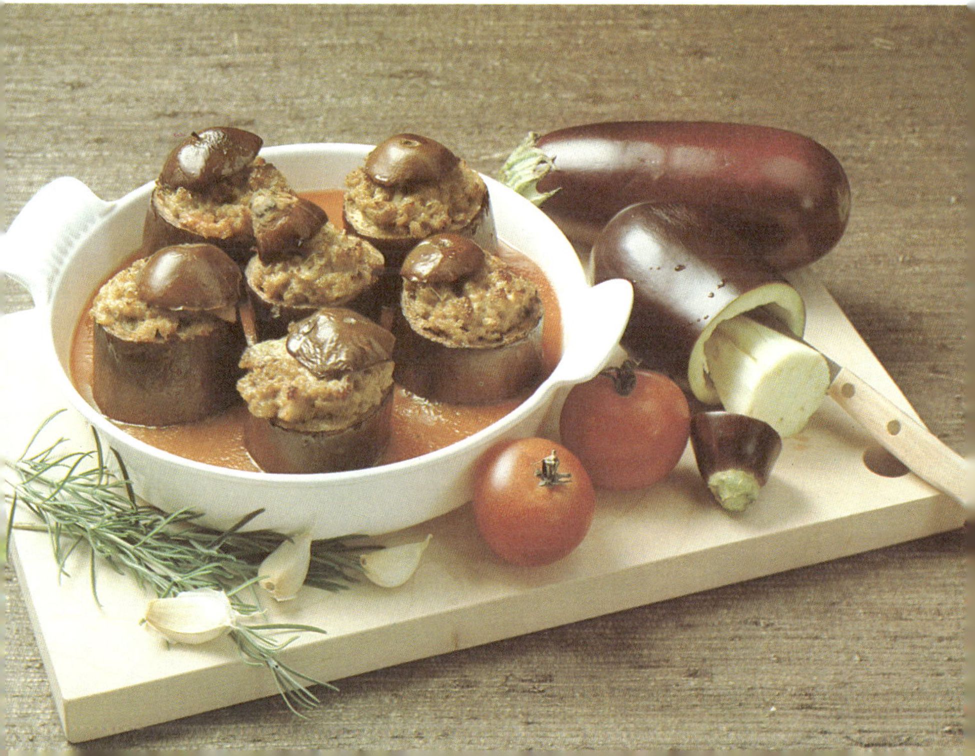

Gemüse-
töpfe
anderer
Länder

Die große Reiselust der Deutschen hat – sozusagen als Begleiterscheinung – auch die Freude an fremder Küche geweckt. Vieles, was einem im Urlaub so richtig gut geschmeckt hat, möchte man nun auch zu Hause genießen. Das in den letzten Jahren immer umfangreicher werdende Angebot an typischen Mittelmeergemüsen und sogar an Exoten läßt eigentlich kaum noch Wünsche offen. Nur sollte man Gerichte fremder Länder – stammen sie nun aus den nördlichen oder den südlichen Regionen – wirklich auch nur dann zu Hause nachkochen, wenn die Jahreszeit stimmt. Ein sommerlicher Gemüseeintopf aus Spanien oder Italien schmeckt nun einmal am besten mit den in der Sonne ihrer Heimat gereiften Früchten, auch wenn die winterliche Treibhausware ein noch so verlockendes Äußeres hat, ihr fehlt das köstliche Aroma und das Endresultat wird enttäuschen. Umgekehrt gehören die deftigen Gerichte des Nordens, die dort den kälteren Monaten vorbehalten sind, auch bei uns nicht gerade in der Sommerhitze auf den Tisch. So ein richtig kräftiges Erbsengericht aus Skandinavien ist jedoch ein Hochgenuß, wenn draußen der erste Frost zu verzeichnen ist. Alle Gerichte, die wir Ihnen in diesem Kapitel vorstellen, haben eine lange Tradition. Sie spielten vor allem dort eine große Rolle, wo Gemüse die preiswerte Alternative für das den ärmeren Schichten viel zu teure Fleisch war. Die Chinesen schätzten Gemüse vor allem auch deshalb, weil es schnell gar wird – in einem Land, in dem die Beschaffung von Heizmaterial seit jeher ein besonderes Problem darstellt, absolut verständlich. Die berühmten Gemüsetöpfe, in denen sich in üppiger Fülle oft sogar verschiedene Fleischsorten tummeln, entstammen meist der bäuerlichen Küche. Dort blieb keine Zeit für langwierige Zubereitungen. Am frühen Morgen wurde das Gericht zusammengestellt, in den Backofen geschoben. Und dort schmurgelte es langsam vor sich hin, bis sich die hungrigen Hofbewohner am Mittag um den Tisch versammelten. Noch ein kleiner Hinweis am Schluß: Gerichte aus Landschaftsküchen können niemals den Anspruch erheben, das einzig wirkliche Original zu sein, es gibt immer eine Unzahl von Varianten. Wenn Ihnen darum zum Beispiel „unser" Ratatouille geschmacklich anders vorkommt als das, was Ihnen in irgendeinem provençalischen Gasthof so besonders gut geschmeckt hat, dann liegt das vielleicht nur an etwas anderen Gewürzen oder an einem anderen Öl oder an einer anderen Tomatensorte. Darum sollten Sie auch die Rezepte nur als Anregung oder erste Grundkenntnisse betrachten und dann selber kräftig drauflos experimentieren.

Wenn nicht anders angegeben, sind alle Rezepte für 4 Personen berechnet.

Ratatouille

6 EL bestes Olivenöl,
4 Zwiebeln, 2 bis 4 Knob-
lauchzehen, je 2 rote
und grüne Paprika-
schoten, 400 g reife
Tomaten, 500 g Auber-
ginen, 500 g Zucchini,
2 TL Kräuter der Pro-
vence (Fertigmischung),
Salz, schwarzer Pfeffer
aus der Mühle.

3 EL Öl in einem großen Topf erhitzen, die in Ringe geschnittenen Zwiebeln darin goldgelb werden lassen. Knoblauchzehen schälen und feinhacken. Paprika putzen und in Streifen schneiden. Tomaten häuten, dabei die grünen Stengelansätze herausschneiden. Auberginen und Zucchini waschen und in etwa 1 cm dicke Scheiben schneiden. Alles lagenweise in den Topf schichten. Jede Schicht mit Kräutern, Salz und Pfeffer bestreuen. Den Abschluß sollten die Tomaten bilden. Das restliche Öl darüber träufeln und alles im geschlossenen Topf bei milder Hitze 45 Min. schmoren lassen.
Das Ratatouille kann warm oder kalt gegessen werden. Als Beilage paßt am besten frisches Stangenweißbrot. Man kann das Gemüse aber auch zu kurzgebratenem oder gegrilltem Fleisch servieren.

R atatouille war ursprünglich ein Gericht der provençalischen Zigeuner, die es Boumiano nannten. Heute wird es überall in der Provence gekocht. Es gibt auch noch eine spanische Version, bei der anstelle von Zucchini und Auberginen Bleichsellerie verwendet werden. Zum Schluß kann man einige in Scheiben geschnittene grüne, gefüllte Oliven in das Gericht geben. Als Beilage werden häufig ganz dünne, pikant gewürzte Eierkuchen (Tortillas) serviert.

Ratatouille (Provençalischer Eintopf)

Karelischer Fleisch-Gemüse-Topf

200 g durchwachsener Speck, je 350 g Schweinenacken, Lammschulter und mageres Kalbfleisch, 500 g kleine Zwiebeln oder Schalotten, 500 g kleine Kartoffeln, 500 g runde Karotten, 150 g Sellerieknolle, 250 g frische Pfifferlinge, 1 Bund glatte Petersilie, Salz, schwarzer Pfeffer aus der Mühle, 1 Prise gemahlene Muskatnuß, ¼ l süße Sahne.

(o. Abb.)

(für 6 bis 8 Personen)

Den Speck sehr klein würfeln und in einem großen, flachen Bräter langsam auslassen. Dann die Grieben herausnehmen und beiseite stellen. Etwa die Hälfte des Speckfetts ebenfalls aus dem Topf nehmen. In dem sehr heißen Fett alle drei, in mundgerechte Würfel geschnittenen Fleischsorten anbraten. In dem übrigen Speckfett zuerst die geschälten Zwiebeln, dann die geschälten Kartoffeln rundherum leicht bräunen. Mit den geschälten Karotten, der feingewürfelten Sellerieknolle, den geputzten Pfifferlingen und der grobgehackten Petersilie zu dem Fleisch geben. Alles mit Salz, Pfeffer und Muskatnuß abschmecken. Die Sahne darübergießen und den geschlossenen Topf bei 200° (Gas Stufe 3) in den Backofen stellen. Die Garzeit beträgt etwa 75 Min. Das Gericht mit den Speckgrieben bestreuen und in dem Schmortopf servieren. Dazu als Getränk Bier oder einen kräftigen Rotwein reichen.

D ieses Gericht stammt aus der früheren finnischen Provinz Karelien, die heute zur Sowjetunion gehört. Pilze, die sich auch in diesem Fleisch-Gemüse-Topf befinden, spielen in der finnischen Küche eine große Rolle.

Plakia mit Karpfen

6 EL feinstes Sonnenblumenöl, 4 mittelgroße Zwiebeln, 3 Knoblauchzehen, 8 Stengel Bleichsellerie, 8 junge Möhren (400 g), Salz, schwarzer Pfeffer aus der Mühle, 1 Bund glatte Petersilie, 1 küchenfertiger Karpfen von etwa 1200 g, Saft einer halben Zitrone, 125 g Walnußkerne, 1 Lorbeerblatt.

(o. Abb.)

4 EL Öl in einer länglichen Kasserolle erhitzen, die in Scheiben geschnittenen Zwiebeln und den feingehackten Knoblauch darin goldgelb dünsten. Den geputzten Sellerie in etwa 1 cm dicke Streifen, die geschälten Möhren in dünne Scheiben schneiden. Zu den Zwiebeln geben und mit Salz und Pfeffer würzen. Zugedeckt bei milder Hitze 15 Min. im eigenen Saft schmoren lassen. Petersilie abspülen und hacken. Den gesäuberten Karpfen innen und außen mit Zitronensaft beträufeln. Die Hälfte der Petersilie auf das Gemüse streuen. Die andere Hälfte mit den Walnußkernen mischen. Den Karpfen damit und mit dem Lorbeerblatt füllen, mit Salz einreiben und auf das Gemüse legen. Mit dem restlichen Öl beträufeln. Die zugedeckte Kasserolle in den auf 180° (Gas Stufe 2) vorgeheizten Backofen stellen und den Fisch in 35 Min. garziehen lassen. Plakia in der Form servieren.
Als Beilage nur ganz frisches, helles Brot reichen.

Plakia mit Karpfen wird in Bulgarien besonders gerne am Tag des heiligen Nikolaus, des Schutzpatrons der Seeleute, gegessen. Aber auch sonst essen die Bulgaren das von den Türken übernommene Gemüsegericht gerne mit Fisch. Die Griechen nennen diesen Schmortopf übrigens Plaki und geben sehr oft weiße Bohnenkerne oder frische grüne Bohnen hinein. Sie servieren es als Beilage zu Knoblauchwürsten oder gegrilltem Fleisch.

Tarator

1 Salatgurke,
1 Bund Radieschen,
je ½ Bund Petersilie,
Kerbel und Dill,
1 Kästchen Kresse,
4 Becher cremiger
Joghurt (je 175 g),
⅛ l saure Sahne,
1 Knoblauchzehe, Salz,
weißer Pfeffer, 1 Prise
Zucker, Zitronensaft.

Bulgarische Gurkensuppe

Die Gurke und die Radieschen gründlich waschen. Die Radieschen von Wurzel- und Stengelansätzen befreien. Die Gurke grob zerschneiden, jedoch einige dünne Scheiben zum Garnieren zurückbehalten, ebenso 1 großes Radieschen. Gurkenstücke, Radieschen, die abgespülten, trockengeschwenkten Kräuter mit Joghurt und Sahne in den Mixer geben und zu einer glatten, cremigen Suppe zerkleinern. Mit der geschälten, durch die Presse gedrückten Knoblauchzehe, Salz, Pfeffer, Zucker und nach Belieben Zitronensaft abschmecken. Im Kühlschrank etwa 1 Std. durchkühlen lassen. Mit Gurken- und Radieschenscheiben garniert servieren.
Gurkensuppe ist ideal an heißen Sommertagen. Sie kann als Vorsuppe oder als Teil eines rustikalen Büfetts gereicht werden.

Gazpacho

100 g altbackenes
Weißbrot, 1/16 l trockener
Weißwein, 1/16 l Wasser,
500 g vollreife Tomaten,
1 grüne Paprikaschote,
1 kleine Zwiebel,
1 Knoblauchzehe,
4 EL bestes Olivenöl,
2 EL Weinessig,
⅛ l kalte Hühnerbrühe
(entfettet), Salz,
schwarzer Pfeffer aus
der Mühle.
Beilagen:
15 g Butterschmalz,
2 Scheiben Toastbrot,
¼ Salatgurke, 3 Schalotten, 5 schnittfeste Tomaten, 1 kleine rote oder
grüne Paprikaschote,
2 hartgekochte Eier,
10 mit Pimento gefüllte
grüne Oliven.

Andalusische Gemüsesuppe

Das Weißbrot in Wein und Wasser einweichen. Die Tomaten häuten, achteln und von den Stengelansätzen befreien. Die geputzte, gewaschene Paprikaschote in Streifen schneiden. Zwiebel und Knoblauchzehe schälen. Das Weißbrot ausdrücken, zusammen mit den vorbereiteten Zutaten, dem Öl und der Hühnerbrühe in einen Mixer geben und zu einer glatten Masse verarbeiten. Mit Salz und Pfeffer abschmecken. In die Servierschüssel füllen und für einige Stunden zugedeckt in den Kühlschrank stellen. In der Zwischenzeit die Beilagen zubereiten: Das Butterschmalz in einer Pfanne erhitzen und das in feine Würfel geschnittene Toastbrot darin goldbraun rösten. Die geschälte Gurke, die geschälten Schalotten, die Tomaten und die geputzte, gewaschene Paprikaschote fein würfeln. Die geschälten Eier hacken und die Oliven in Scheiben schneiden. Alles in getrennten Schälchen anrichten. Erst bei Tisch nach Belieben mischen.

116

Scharfer Tomaten-Bredie

600 g Hammelfleisch vom Nacken, 50 g Butterschmalz, 250 g Zwiebeln, 200 g Bleichsellerie, 600 g Tomaten, 300 g Kartoffeln, 2 rote oder grüne Chilischoten, ¼ l Fleischbrühe, Salz, schwarzer Pfeffer aus der Mühle, 1 Bund glatte Petersilie.

(o. Abb.)

Das Hammelfleisch in 8 gleichgroße Scheiben schneiden und in dem Butterschmalz auf beiden Seiten kräftig anbraten. Die geschälten, in Ringe geschnittenen Zwiebeln dazugeben und glasig braten. Sellerie putzen und in Streifen schneiden. Die Tomaten abziehen, dabei die grünen Stengelansätze entfernen. Kartoffeln schälen und würfeln. Chilischoten putzen und feinhakken. Alles in den Topf geben, mit Fleischbrühe aufgießen und mit Salz und Pfeffer kräftig abschmecken. Zugedeckt bei ganz schwacher Hitze 90 Min. schmoren lassen. 30 Min. vor Ende der Garzeit die grobgehackte Petersilie unterrühren.
Als Beilage körnigen Reis oder frisches Bauernbrot reichen.

B redies sind eintopfartige Gerichte, die die Buren aus ihrer holländischen Heimat nach Südafrika mitbrachten und dort mit einheimischen Produkten mischten. Dieser Tomaten-Bredie kann übrigens statt mit Fleisch auch mit Fischfilet oder Räucherfisch zubereitet werden.

Peperonata

1000 g grüne, rote und gelbe Paprikaschoten, 250 g Zwiebeln, 4 Knoblauchzehen, 500 g vollreife Fleischtomaten, 6 EL Olivenöl, 4 EL Weinessig, 4 EL Rotwein, 10 gefüllte grüne Oliven, Salz, schwarzer Pfeffer aus der Mühle.

(o. Abb.)

Paprikaschoten putzen und fein würfeln. Die geschälten Zwiebeln und den Knoblauch hacken. Tomaten abziehen und dabei die grünen Stengelansätze entfernen. Die Zwiebeln in dem heißen Olivenöl glasig braten, dann die vorbereiteten Zutaten hineingeben. Zugedeckt bei nicht zu starker Hitze 15 Min. im eigenen Saft schmoren lassen. Mit Essig und Rotwein vermischen. Die halbierten Oliven dazugeben. Peperonata jetzt nochmals offen 10 bis 15 Min. schmoren lassen, bis die Flüssigkeit sämig eingekocht ist. Dann erst mit Salz und Pfeffer abschmecken.
Zu gebratenem oder gegrilltem Fleisch oder zu gegrilltem Fisch servieren.

Peperonata stammt aus der italienischsprachigen Schweiz, und dort werden – wie auch in Italien selber – Paprikaschoten Peperoni genannt. Von dem Gericht gibt es übrigens noch eine jugoslawische, genauer dalmatinische Abwandlung. Dort gibt man reichlich Chilischoten an das Gericht und verzichtet außerdem auf die besonders zarten gelben Paprikaschoten.

Gemüsepilaw

500 g Hühnerbrustfilet, 6 EL Olivenöl, 1 TL Paprika rosenscharf, 1 TL gemahlener Rosmarin, 1 TL gemahlener Thymian, 4 EL Rotwein, 300 g gepalte Erbsen, 300 g Spinat, 300 g Zucchini, 200 g junge Möhren, 2 Zwiebeln, 1 Knoblauchzehe, 200 g Langkornreis, ³/₄ l Fleischbrühe, schwarzer Pfeffer aus der Mühle, Salz, 1 EL grobgehackte blättrige Petersilie, 8 schwarze Oliven.
(o. Abb.)

Das Hühnerfleisch in 2 cm große Würfel schneiden. 2 EL Öl zuerst mit den Gewürzen, dann mit dem Wein mischen und über das Fleisch gießen. Zugedeckt 30 Min. durchziehen lassen. Das Gemüse putzen, waschen und abtropfen lassen. Zwiebeln und Knoblauch schälen und hacken. In dem restlichen erhitzten Öl zusammen mit dem Reis unter Rühren glasig braten. Das Gemüse zugeben und etwa 2 Min. andünsten lassen. Dann mit der Brühe ablöschen und alles 20 Min. zugedeckt dünsten lassen. Nach 10 Min. das Fleisch mit der Beize dazugeben. Mit Pfeffer und Salz abschmecken. Mit Petersilie und kleingeschnittenen Oliven bestreuen und möglichst in dem Kochgeschirr servieren.
Dazu frisches Stangenweißbrot reichen.

Pilaws, auch Pilafs geschrieben, sind in der gesamten Balkanküche übliche Reisgerichte, die aber aus der Zeit der türkischen Fremdherrschaft stammen und darum traditionell kein Schweinefleisch enthalten, wohl aber Geflügel-, Lamm- oder Rindfleisch. Auch die Gewürze variieren. Pilaws können sowohl superscharf mit Paprika oder Chili als auch ganz sanft mit Safran abgeschmeckt werden. Die drei Grundzutaten jedoch sind immer Fleisch, Gemüse und Reis.

119

Wiener Tafelspitz

2 l kräftige Fleischbrühe (aus Würfeln), 1 Lorbeerblatt, 2 Nelken, 6 Pfefferkörner, 750 g Rinderhüfte, 6 Schalotten, 3 Möhren, 2 Kohlrabi, 2 bis 3 weiße Rüben, ¼ Kopf Weißkohl.

Die Brühe aufkochen, die Gewürze und das Fleisch hineingeben. Das Fleisch bei nicht zu starker Hitze 60 Min. mehr ziehen als kochen lassen. Inzwischen die Schalotten schälen, das Gemüse putzen und in Scheiben schneiden. Das Stück Weißkohl im Ganzen lassen. Alles zum Fleisch geben und noch weitere 30 Min. köcheln lassen.

Das Fleisch aus der Brühe nehmen, in Scheiben geschnitten auf einer Platte anrichten. Mit dem abgetropften Gemüse dekorativ umlegen.

Dazu werden in Butter kurz angeröstete Salzkartoffeln, Preiselbeeren, Essigfrüchte und Apfelkren (Meerrettich mit geriebenem Apfel gemischt) serviert.

Caponata

500 g Auberginen, etwa 12 EL Olivenöl, 500 g Zwiebeln, 500 g Tomaten, je eine grüne, rote und gelbe Paprikaschote, 200 g Staudensellerie, 40 g Kapern, 12 gefüllte grüne Oliven, Salz, Zucker, Essig.

(o. Abb.)

Die Auberginen waschen und in etwa 5 mm dicke Scheiben schneiden. Nach und nach in dem heißen Olivenöl auf beiden Seiten braun anbraten. Mit einem Pfannenwender herausnehmen und auf dicken Lagen Haushaltspapier abfetten lassen. Zwiebeln schälen und in Scheiben schneiden. Tomaten häuten und vierteln. Paprikaschoten putzen und in breite Streifen, den geputzten Sellerie in Stücke schneiden. 4 EL Öl in einem Topf heiß werden lassen. Das Gemüse, die Kapern und die Oliven hineingeben und unter ständigem Rühren etwa 15 Min. schmoren lassen. Dann mit Salz, Zucker und Essig süßsauer abschmecken. Noch einige Minuten im Topf ziehen lassen. Lauwarm oder kalt servieren. Als Beilage frisches Landbrot dazu reichen.

Caponata entstammt der bäuerlichen Küche Siziliens. Eine Art „Urrezept", das jedoch als Zutaten nur Auberginen und Sellerie erwähnt, wurde schon vor fast 300 Jahren aufgezeichnet.

Schalet

300 g weiße Bohnen,
1½ l Wasser,
750 g Rinderbrust,
500 g ausgelöster Hammelrücken, 1 Gänsekeule
oder 1 Kalbsfuß, 200 g
Zwiebeln, 200 g Möhren,
4 Stangen Lauch,
1 kleine Sellerieknolle,
4 Knoblauchzehen,
200 g Graupen, 1 TL
Salz, schwarzer Pfeffer
aus der Mühle,
50 g frisches Rindermark.

(o. Abb.)

für 8 Personen

Bohnen über Nacht im Wasser einweichen. Am nächsten Morgen mit dem Wasser in einen sehr großen Topf geben. Darauf die abgespülten Fleischstücke verteilen. Die geschälten, in Ringe geschnittenen Zwiebeln, die geputzten, grobgehackten Möhren, den ebenfalls in Ringe geschnittenen Lauch und die geschälte, grobgeraspelte Sellerieknolle darüber verteilen. Die geschälten Knoblauchzehen durch die Presse auf das Gemüse drücken. Alles mit den Graupen bestreuen, mit Salz und reichlich Pfeffer würzen. Das Rindermark in Scheiben schneiden und alles damit bedecken. Das Gericht im geschlossenen Topf in den auf 180° (Gasherd Stufe 2) vorgeheizten Backofen stellen und 3 Std. durchschmoren lassen. Die Fleischstücke aus dem Topf nehmen. Rinderbrust und Hammelrücken in mundgerechte Würfel oder in Scheiben schneiden.
Das Fleisch von der Gänsekeule oder dem Kalbsfuß in möglichst großen Stücken ablösen. Alles in eine vorgewärmte Schüssel geben und mit dem zuvor mit Salz und Pfeffer nachgewürzten Schalet bedecken.
Als Beilage deftiges Landbrot oder – ganz stilecht – ungesäuertes Fladenbrot servieren.

S*chalet, auch Scholet oder Tscholent genannt, ist ein typisches Sabbatessen aus Israel. Da es den frommen Juden verboten ist, am heiligen Sabbat irgendeine Arbeit zu verrichten, wird das Gericht in jüdischen Gemeinden schon am Freitag vorbereitet und dann in einem gut verschlossenen Topf (zum Verschließen wird oft ein einfacher Wasser-Mehlteig bereitet) zum Bäcker gebracht, der ihn mit unzähligen anderen in einen speziellen Backofen stellt, wo der Eintopf dann bis zum Sabbatmittag bei milder Hitze leise vor sich hin schmort. Statt Graupen und Bohnen können übrigens auch Erbsen und Reis verwendet werden.*

Chinesische Möhrenpfanne

200 g gemischtes Hackfleisch, 1 Ei, 1 Eiweiß, 500 g junge Möhren, 6 EL Sojaöl, 2 Knoblauchzehen, 3 Ingwerpflaumen aus dem Glas, 1 grüne Chilischote, knapp ⅛ l Hühnerbrühe, chinesische Sojasoße, 1 Frühlingszwiebel.

(o. Abb.)

Hackfleisch mit Ei und Eiweiß mischen. Die geschabten Möhren in Scheiben schneiden. Das Öl in einer großen Pfanne erhitzen und die Möhren darin unter Rühren 5 Min. braten lassen. Mit einem Schaumlöffel herausheben und das Hack in das Öl geben. Kräftig anbraten. Knoblauchzehen, Ingwerpflaumen und Chilischoten hakken und zusammen mit den Möhren unter das Fleisch mischen. Mit Hühnerbrühe ablöschen und 5 Min. köcheln lassen. Mit Sojasoße abschmecken. Die geschälte Frühlingszwiebel in hauchdünne Ringe schneiden und das fertige Gericht damit bestreuen.
Dazu körnig gekochten Reis oder frisches Weißbrot servieren.

Muskalica

4 EL bestes Olivenöl, 4 Zwiebeln, 6 Tomaten, je 2 rote und grüne Paprikaschoten, 3 kleine gelbe Paprikaschoten, 2 kleine Zucchini, 2 EL Paprika edelsüß, 4 EL Wasser, Instant-Fleischbrühe, getrockneter, zerriebener Thymian, schwarzer Pfeffer aus der Mühle.

(Foto Seite 123)

In dem Olivenöl die in Ringe geschnittenen Zwiebeln glasig werden lassen. Die Tomaten häuten, dabei die grünen Stengelansätze herausschneiden. Paprikaschoten putzen und in Ringe, die Zucchini in Scheiben schneiden. Zu den Zwiebeln geben und mit Paprika bestreuen. Alles unter Rühren etwa 2 Min. schmoren lassen. Dann das Wasser zufügen. Mit Fleischbrühe, Thymian und Pfeffer würzen. Die Muskalica zugedeckt bei schwacher Hitze 15 bis 20 Min. schmoren lassen. Als Beilage Lamm- oder Hammel- oder Schweinekoteletts servieren, die auf der Muskalica angerichtet werden. Außerdem passen Salzkartoffeln oder frisches Weißbrot und ein kräftiger roter Landwein dazu.

O*bgleich es eine einheitliche Landesküche in Jugoslawien nicht gibt, werden doch einige Gerichte fast überall im Land zubereitet, dazu gehört auch die Muskalica, die vermutlich ihren Ursprung in Dalmatien hat und dort – ähnlich wie das provençalische Ratatouille oder das bulgarische Plakia – kalt oder lauwarm und ohne Fleisch gegessen wurde.*

123

Mussaka

2000 g Auberginen, Salz, Mehl zum Wenden, gut ⅛ l Olivenöl, 4 kleine Zwiebeln, 2 Knoblauchzehen, 500 g Rinderhackfleisch, 3 EL Tomatenmark, Salz, schwarzer Pfeffer aus der Mühle, Rosmarin, Thymian, 200 g geriebener Emmentaler Käse, 200 g süße Sahne, 1 Prise geriebene Muskatnuß.

Die Auberginen längs in Scheiben schneiden und dick mit Salz bestreuen. 20 Min. Wasser ziehen lassen. Dann kurz abspülen, mit Haushaltspapier trockentupfen und in Mehl wenden. Reichlich Olivenöl in einer großen Pfanne mit Stahlboden erhitzen, die Auberginenscheiben portionsweise darin auf beiden Seiten goldgelb braten. Auf Haushaltspapier abfetten lassen. Die gehackten Zwiebeln und Knoblauchzehen in 3 EL Öl glasig braten. Das Hackfleisch dazugeben und Farbe nehmen lassen. Mit Tomatenmark mischen, mit Salz, Pfeffer, Rosmarin und Thymian abschmecken und unter Rühren noch 5 Min. schmoren lassen, dabei nach und nach 6 EL Wasser zugeben. Eine feuerfeste Form mit Öl einfetten. Alle Zutaten lagenweise hineingeben. Dabei mit den Auberginen beginnen, darauf etwas Hackfleisch, dann etwas Käse und zum Schluß einige EL voll Sahne. Die letzte Schicht bilden Auberginen, die nur mit etwas Sahne begossen und mit reichlich Käse bestreut werden, dann mit Muskat leicht bestreuen. Die Mussaka bei 180° (Gas Stufe 2) 35 Min. im Backofen überbacken. In der Form servieren. Als Beilage Weißbrot reichen.

Es gibt wohl keinen Griechenlandreisenden, der an einer Mussaka je vorbeikam – und sie überall nur nach einem Rezept bereitet fand. Dies ist die einfachste, aber besonders schmackhafte Version. Man kann außer Auberginen noch Zucchini, Kartoffeln und Tomaten dazugeben. Man kann statt Emmentaler Käse den sehr viel pikanteren Parmesan verwenden. Beide Käse sind natürlich nicht ganz stilecht. Die Griechen verwenden jedoch für ihre Mussaka zwei ganz ähnliche Sorten, die allerdings beide ein wenig salziger sind.

Oben: Mussaka (Griechischer Auberginen-Auflauf) Gemüsetopf, Rezept S. 123)
Unten: Muskalica (Jugoslawischer

124

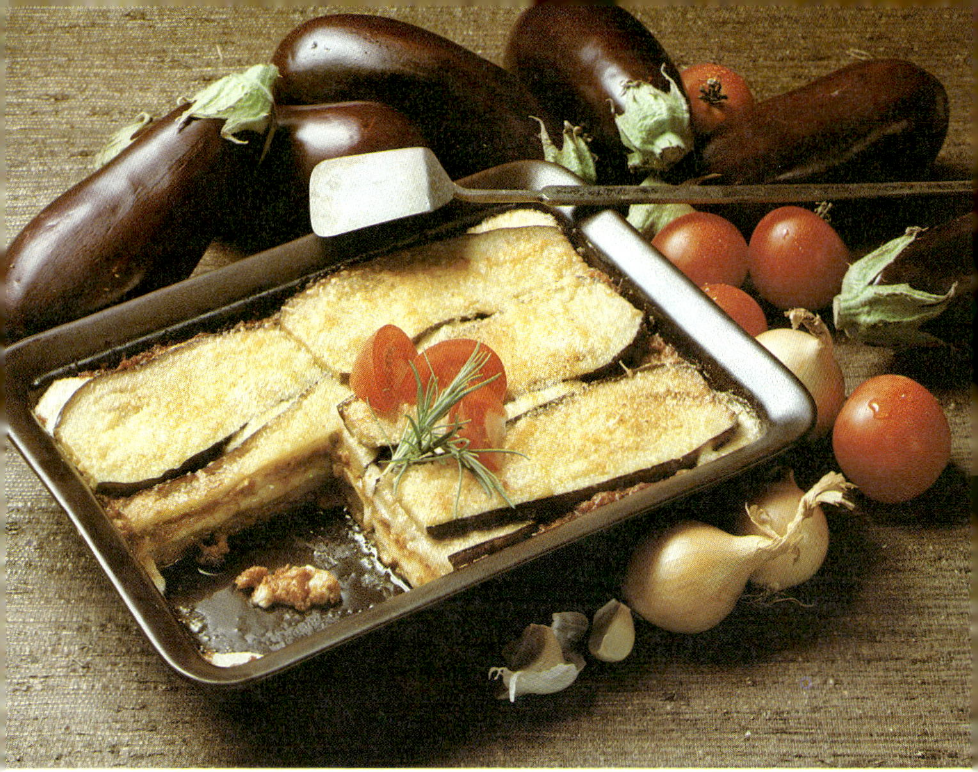

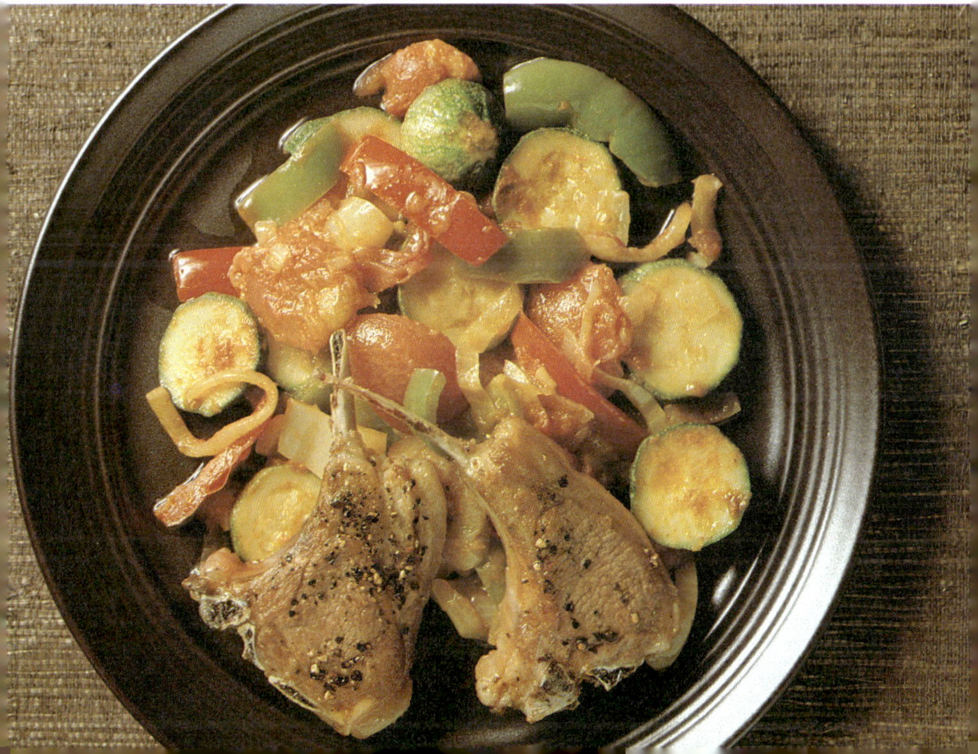

Salat und noch mal Salat

Salat – so sagt das Lexikon – kommt von dem italienischen Wort salata, was ursprünglich soviel wie Eingesalzenes bedeutete. Später wurde aus salata ein „kaltes Gericht, das aus rohen oder gekochten Gemüsen zubereitet wird". Und diesen Salaten wollen wir uns hier zuwenden, wobei jedoch die eigentlichen Salatpflanzen (welche ja letztlich botanisch auch zu den Gemüsen zählen) nur bedingt mit einbezogen werden.

Salate können je nach Grundzutat und Zubereitungsart als Vorspeise, Zwischengericht und Beilage gereicht werden. Gerade die ,,Neue Küche'' hat den Begriff Salat etwas ins Schwimmen gebracht. Kombinationen von Gemüse mit Fleisch, Innereien, Meerestieren und raffinierten kalten und warmen Soßen machen eine klare Definition sehr schwierig. Doch eins gilt für alle Salate nach wie vor: Es sind leichte, kleine Speisen, die weniger der Sättigung als vielmehr der Appetitanregung dienen sollen. So haben Salate in den südeuropäischen Ländern auch kaum eine solche Bedeutung als Beilage wie bei uns, sondern sind mehr Zwischengericht. Und das ist auch ihre eigentliche Bestimmung.

Also, machen Sie das Beste aus Salat: Eine Vorspeise oder ein Zwischengericht!

Generell sollte Gemüse so frisch wie möglich sein und selbstverständlich von allerbester Qualität. Ein Grundsatz, der erst recht für Salate gilt. Aber auch die übrigen Zutaten sind mit eingeschlossen. Je edler die Grundzutaten, um so sparsamer können die würzenden Soßen verwendet werden. Auch hier gilt: Nur das Beste ist gut genug. Sherryessig, Himbeeressig, kaltgepreßtes Olivenöl, Nuß- oder Mandelöl sind wahre Zaubermittel, aber nur, wenn sie ganz dezente Geschmacksgeber sind und nicht durch ein Zuviel an Kräutern und Gewürzen übertönt werden.

Wenn nicht anders angegeben, sind alle Rezepte für 4 Personen berechnet.

Gurken-Salat „Moderne"

1 Salatgurke, 200 g hauchdünn geschnittener Räucherlachs, 4 kleine hartgekochte Eier, 1 Bund Dill, 3 EL Mayonnaise, 3 EL Sahne, 1 TL geriebener Meerrettich aus dem Glas, 1 EL Zitronensaft, Salz, 1 Prise Zucker, 1 Prise Kurkuma (Gelbwurz).

Die Salatgurke gründlich unter fließendem Wasser abbürsten. Ungeschält in dünne Scheiben schneiden. Auf vier Teller verteilen. Die Lachsscheiben dazu anrichten. Den Dill waschen, trockenschwenken und einige Sträußchen zum Garnieren abnehmen. Den Rest fein schneiden. Die geschälten Eier halbieren und ebenfalls auf die Teller verteilen. Mit den Dillsträußchen garnieren. Mayonnaise, Sahne, Meerrettich und Zitronensaft glattrühren. Mit Salz, Zucker und Kurkuma abschmecken und auf den Salat geben. Den Salat mit warmem Toastbrot als Vorspeise oder Zwischengericht reichen.

Melonen-Salat „de Luxe"

1 gut gekühlte Honigmelone, einige Kopfsalatblätter, 200 g Geflügelleber-Terrine, 12 Lychees frisch oder aus der Dose, Schale einer ¼ unbehandelten Orange, einige Minzespitzen, schwarzer Pfeffer aus der Mühle, 4 EL Cumberlandsoße (fertig gekauft).

Die Honigmelone vierteln und entkernen. Das Fruchtfleisch von der Schale lösen, in Stücke schneiden, aber auf der Schale lassen. Kopfsalat waschen und trockenschwenken. Die Geflügelleber-Terrine mit einem sehr scharfen Messer vorsichtig in 8 gleich große Stücke schneiden. Die Lychees abtropfen lassen oder schälen. Orangenschale in hauchdünne Streifen schneiden. Minze abspülen und trockenschwenken. Salatblätter auf vier Teller verteilen, mit Terrinenscheiben, Lychees und den Melonenvierteln belegen. Cumberlandsoße dazugeben. Die Melonenstücke mit Pfeffer grob übermahlen und mit den Minzespitzen garnieren. Orangenschalenstreifen auf die Cumberlandsoße streuen.
Mit frischem Stangenweißbrot und leicht gesalzener Butter als Vorspeise, Zwischengericht oder Imbiß reichen.

Oben links: Pikanter Fruchtsalat mit Bündner Fleisch · Oben rechts: Bohnensalat mit Krebsen
Unten links: Melonen-Salat „de Luxe" · Unten rechts: Gurken-Salat „Moderne"

Bohnen-Salat mit Krebsen

16 tiefgekühlte gekochte Krebsschwänze, 375 g Prinzeß- oder Keniabohnen, Salz, einige Blätter Winterendivie, 2 halbweich gekochte Eigelb, 6 EL bestes Olivenöl, ½ TL scharfer Senf, 2 EL Sherry- oder Estragonessig, 1 Prise Zucker.

(Foto Seite 129)

Die Krebsschwänze bei Zimmertemperatur langsam auftauen lassen. Die Bohnen waschen, abtropfen lassen und fädeln. Reichlich Salzwasser zum Kochen bringen, die Böhnchen hineingeben und in 8 Min. knackig garen. In der Zwischenzeit die Endivienblätter putzen, waschen, auf Haushaltspapier trockentupfen. Die unteren, dicken Enden abschneiden. Die Blätter kranzförmig auf vier Teller verteilen. Die Krebsschwänze kurz unter lauwarmem Wasser abspülen und gründlich abtropfen lassen. Die Bohnen auf einen Durchschlag schütten, ganz kurz in Eiswasser tauchen und ebenfalls gründlich abtropfen lassen. Auf die Teller verteilen und jeweils 4 Krebsschwänze anlegen.
Die Eigelb durch ein Sieb streichen, mit dem Olivenöl glattrühren, dabei den Senf und tropfenweise den Essig dazugeben. Eventuell mit Zucker und Salz abschmecken. Die Soße über den Salat gießen und diesen rasch servieren. Den Salat als Vorspeise eines festlichen Menüs servieren.

Pikanter Fruchtsalat mit Bündner Fleisch

375 g Erdbeeren, ½ Dose Palmito (Palmenherzen), 3 Kiwifrüchte, 150 g hauchdünn geschnittenes Bündner Fleisch, 2 EL Himbeeressig, schwarzer Pfeffer aus der Mühle.

(Foto Seite 129)

Die Erdbeeren waschen, trockentupfen und halbieren. Die Palmitostücke abtropfen lassen, dann längs in Drittel oder Viertel schneiden. Die Kiwis schälen und in etwa 5 mm dicke Scheiben schneiden. Das Fleisch zu Röllchen formen und auf vier Tellern anrichten. Die Früchte mischen und zu dem Fleisch geben, nicht vermischen. Die Früchte mit Himbeeressig beträufeln und mit Pfeffer übermahlen. Den Salat als Vorspeise mit einem kühlen Rosé oder einem trockenen Sherry (fino) servieren.
Mein Tip: Ist Himbeeressig nicht immer vorhanden, dann kann er durch Zitronensaft ersetzt werden. Dann sollte man jedoch statt des schwar-

zen, grob geschroteten, rosa Pfeffer über die Früchte geben.

Man kann Himbeeressig aber in kleinen Mengen auch selber ansetzen: 125 g frische, ganz einwandfreie Himbeeren mit ¼ l bestem Weinessig übergießen und in einer gut verschlossenen Flasche 8 Tage ziehen lassen. Dann abseihen und den Essig möglichst innerhalb von 4 Wochen verbrauchen. Er eignet sich für alle exquisiten Salate oder zum Verfeinern der Bratbutter von zarten Fischfilets.

Radieschen-Kresse-Salat

2 bis 3 Bund Radieschen, Salz, 2 EL saure Sahne, 2 EL Weinessig, 5 EL Öl, 1 Prise Zucker, weißer Pfeffer aus der Mühle, 2 Kästchen Kresse, 1 EL Estragon- oder Knoblauchessig, 1 TL Schnittlauchröllchen.

(Foto Seite 133)

Die Radieschen putzen, waschen und abtrocknen. In dünne Scheiben schneiden und mit Salz bestreut 10 Min. stehen lassen. Das Wasser, das sich gebildet hat, abgießen, aber auffangen. Saure Sahne, Essig, 3 EL Öl, Zucker und Pfeffer zu einer Salatsoße mischen. Mit dem Radieschenwasser nach Belieben mischen. Die Soße über die Radieschen gießen, gut durchmischen. Dann die Radieschen in einer flachen Schale anrichten. Die Kresse abspülen, trockenschwenken und die Blättchen abschneiden. Kranzartig um die Radieschen anrichten. Mit dem restlichen Öl und dem Essig beträufeln. Die Radieschen mit Schnittlauchröllchen bestreuen. Den Salat nun sofort auftragen.

Radieschen-Kresse-Salat ist eine hervorragende Beilage zu gegrilltem Fleisch oder gegrilltem Fisch. Er schmeckt aber auch zu deftigen Braten.

Mein Tip: Statt Zuchtkresse frische Brunnenkresse verwenden. Sie ist jedoch sehr viel schärfer, darum kann man bei der Salatsoße auf den Pfeffer verzichten. Einige zusätzliche Wachteleierhälften mildern die Schärfe ebenfalls.

Sellerie-Salat „Gourmet"

1 Staude Bleichsellerie,
2 Schalotten, 2 EL Weiß-
wein- oder Sherryessig,
6 EL trockener Sherry
(fino), 4 EL bestes Olivenöl
oder Traubenkernöl,
Salz, grob geschroteter
schwarzer Pfeffer,
4 Hühnerbrustfilets,
40 g Butter,
weißer Pfeffer,
125 g frische Himbeeren.

Den Bleichsellerie putzen und einige besonders schöne Blätter zurückbehalten. Diese Blätter und die Selleriestangen waschen und trockentupfen. Die Schalotten schälen und ganz fein hacken. Die Selleriestangen in feine Streifen schneiden, mit den Schalotten mischen. Aus Essig, 2 EL Sherry und Öl eine Salatsoße mischen und mit Salz abschmecken. Über den Sellerie gießen, mit Pfeffer bestreuen und 15 Min. ziehen lassen. In der Zwischenzeit die Hühnerbrustfilets vorsichtig häuten, dann in der heißen Butter auf beiden Seiten je etwa 3 Min. braten. Aus dem Bratfett nehmen und mit Salz und Pfeffer würzen. Warm halten. Den Bratfond mit dem restlichen Sherry ablöschen. Die Himbeeren vorsichtig waschen, trockentupfen und von den Stengelansätzen befreien. Den Salat mit der Soße auf vier Teller verteilen, mit den gewaschenen, trockengetupften Sellerieblättern garnieren. Die Brustfilets in dünne Scheiben schneiden und auf dem Salat anrichten. Mit dem Sherryfond beträufeln. Die Himbeeren darüber verteilen.
Den Salat als festliche Vorspeise servieren.

Champignon-Spinat-Salat „Esprit"

500 g frischer Sommer-
spinat, 1 Zwiebel,
50 g Butter, Salz,
weißer Pfeffer,
geriebene Muskatnuß,
250 g frische Champi-
gnons, 1 EL Zitronensaft,
250 g Geflügelleber,
2 Schalotten,
2 EL bestes Olivenöl,
1 EL Sherryessig,
grob geschroteter
schwarzer Pfeffer.

Den Spinat waschen, verlesen und die groben Stiele abschneiden. Die Zwiebel schälen und fein hacken. In 25 g Butter goldgelb braten. Den Spinat dazugeben und bei starker Hitze im eigenen Saft in wenigen Minuten zusammenfallen lassen. Dann erst mit Salz, Pfeffer und Muskatnuß würzen.
Die Champignons putzen, wenn nötig waschen, dann gut abtropfen lassen. Mit Zitronensaft beträufeln, damit sie nicht braun werden.
Die abgespülten, trockengetupften Leberstücke in der restlichen Butter in 4 bis 5 Min. rundherum braun braten. Mit wenig Salz und Pfeffer würzen.

Oben rechts: Grüner Bohnensalat · Oben links: Radieschen-Kresse-Salat
Mitte: Champignon-Spinat-Salat „Esprit" · Unten: Sellerie-Salat „Gourmet"

Warm halten. Die geschälten, in Ringe geschnittenen Schalotten in dem Bratfett goldbraun werden lassen. Den Spinat kranzförmig auf vier Teller verteilen, darum herum einen Kranz von in hauchdünne Scheiben geschnittenen Champignons legen. In die Mitte die in grobe Scheiben geschnittene Geflügelleber geben. Mit den Schalottenringen belegen. Die Champignons mit Ölivenöl und Sherryessig beträufeln und mit dem groben Pfeffer bestreuen.
Als Vorspeise vor einem Fischgericht servieren.

Grüner Bohnensalat

500 g junge Stangenbohnen, 2 l Wasser, 2 EL Salz, ½ TL Bohnenkraut, 1 kleiner Kopfsalat, 2 EL Essig, ½ TL Senf, 1 Prise Zucker, 1 Prise Salz, 4 EL Öl, 1 kleine Zwiebel, 1 hartgekochtes Ei.

(Foto Seite 133)

Die Bohnen waschen, abfädeln und einmal brechen. Das Wasser mit dem Salz und dem Bohnenkraut zum Kochen bringen. Die Bohnen hineingeben und 10 Min. sprudelnd kochen lassen. Auf einen Durchschlag geben, abtropfen lassen, dann rasch in Eiswasser tauchen, damit sie ihre kräftige grüne Farbe behalten. Die Bohnen gründlich abtropfen, dann abkühlen lassen. Den Kopfsalat zerpflücken, waschen und trockenschleudern. Die Blätter von den groben Rispen befreien und auf einer flachen Schüssel als Kranz anrichten. Darauf die Bohnen geben. Aus Essig, Senf, Zucker, Salz und Öl eine Marinade rühren und über den Salat gießen. Etwa 30 Min. durchziehen lassen. Die Zwiebel schälen und ganz fein hacken. Das geschälte Ei halbieren, das Eigelb entfernen und zu einem anderen Gericht verwenden. Das Eiweiß ebenfalls hacken und zusammen mit den Zwiebelwürfelchen über den Salat streuen. Zu kräftigen Braten oder gegrilltem Fleisch servieren.

Weißkohl-Ananas-Salat

1 kleiner Weißkohl von etwa 1000 g, Salz, 2 rote, säuerliche Äpfel, 4 Scheiben Ananas, 1 rote Paprikaschote,

Von dem Weißkohl die äußeren Blätter entfernen, den Kohl so dünn wie möglich hobeln und lagenweise in eine Schüssel schichten. Dabei jede Lage mit ganz wenig Salz bestreuen. Den Kohl fest zusammendrücken, mit einem Teller

40 g Mayonnaise,
4 EL Crème fraîche oder
cremiger Joghurt,
Zitronensaft,
1 Prise Zucker,
Cayennepfeffer.

(Foto Seite 101)

und einem Stein oder einem Gewicht beschweren und etwa 1 Std. ziehen lassen. Äpfel waschen, achteln, von den Kerngehäusen befreien und in etwa 5 mm dicke Scheiben schneiden. Die abgetropften Ananasscheiben in Zwölftel schneiden. Die gewaschene, geputzte Paprikaschote fein würfeln. Mayonnaise mit Crème fraîche oder Joghurt und nach Belieben Zitronensaft schaumigrühren. Mit Zucker und Cayennepfeffer pikant abschmecken. Den Kohl abgießen und mit allen übrigen Salatzutaten mischen. Als Beilage zu deftigen Braten servieren.

Frisée-Salat mit Speck

1 Kopf Frisée-Salat
(helle, krause Endivie),
1 altbackenes Brötchen,
20 g Butter,
100 g durchwachsener
Speck, 4 EL Weinessig,
Salz, 1 Prise Zucker,
2 Schalotten,
2 Knoblauchzehen.

(o. Abb.)

Den Salat zerpflücken, gründlich waschen, trockenschwenken und in lange Stücke schneiden. In eine Salatschüssel geben. Mit den geschälten, feingehackten Schalotten mischen. Das Brötchen längs halbieren und beide Hälften in dünne Scheiben schneiden. In der heißen Butter auf beiden Seiten goldbraun braten. Nebenher den Speck in Streifen schneiden und in einer Pfanne knusprig auslassen. Die Grieben herausnehmen. Das Speckfett etwas abkühlen lassen. Dann mit dem Weinessig mischen, mit Salz und Zucker abschmecken. Die heißen Croûtons (Brötchenstücke) mit dem geschälten Knoblauch gründlich einreiben.
Die noch warme Soße über den Salat gießen, rasch mischen. Croûtons und Speckgrieben dazugeben und den Salat sofort servieren.

Spinat-Salat

300 g frischer Spinat,
3 hartgekochte Eier,
2 kleine Zwiebeln,
1 TL scharfer Senf,
2 EL Essig,
4 EL bestes Olivenöl,
evtl. 3 EL Weißwein,
Salz, schwarzer Pfeffer.

(o. Abb.)

Den Spinat waschen, verlesen, gründlich trockenschwenken und harte Stiele abschneiden. Die Eier schälen. 1 Ei in Scheiben schneiden. Die beiden anderen halbieren, die Eigelb herauslösen und durch ein Sieb streichen. Die Eiweiß hacken. Die Zwiebeln schälen und ebenfalls hacken. Das durchgedrückte Eigelb mit Senf und Essig verrühren. Dann langsam das Öl dazurühren. Die Soße nach Belieben mit Wein verdün-

nen. Mit Salz und Pfeffer abschmecken. Spinat, Zwiebeln und Soße mischen, in eine Schüssel füllen. Mit gehacktem Eiweiß bestreuen und mit Eischeiben garnieren.
Den Salat als Beilage zu kurzgebratenem Fleisch oder Schweinebraten servieren.

Erbsen-Salat mit Birnen

250 g Zuckerschoten (Kaiserschoten), 2 kleine Salatköpfe, 2 saftige Birnen, Zitronensaft, 100 g Roquefort, 4 EL saure Sahne, 2 EL Kräuteressig, schwarzer Pfeffer aus der Mühle.

Die Zuckerschoten waschen, trockentupfen und schräg in Stücke schneiden. Die Salatköpfe zerpflücken, nur die zarten, inneren Blätter verwenden. Waschen und trockenschleudern. Grob zerpflücken. Die Birnen schälen, vierteln und entkernen, dann in dünne Scheiben schneiden. Mit Zitronensaft beträufeln, damit sie nicht braun werden. Den Roquefort mit einer Gabel ganz fein zerdrücken, mit Sahne und Essig mischen. Mit Pfeffer abschmecken. Die Salatzutaten mischen, rasch servieren.
Der Salat schmeckt hervorragend zu allen kurzgebratenen oder gegrillten Fleischstücken.

Brunnenkresse-Salat mit Ananas

200 g Brunnenkresse, 4 Scheiben Ananas aus der Dose, 2 Stangen Bleichsellerie, 1 Becher cremiger Joghurt (175 g), 2 EL Walnußöl, 2 EL Ananassaft, 2 EL Zitronensaft, Salz, 2 schnittfeste Tomaten.

Die Brunnenkresse verlesen, waschen und trockentupfen. Zu große Büschel eventuell auseinanderzupfen. Ananas in kleine Stücke schneiden. Sellerie putzen, abspülen, trockentupfen und in dünne Scheiben schneiden. Alles in einer Schüssel mischen. Aus Joghurt, Öl, Ananassaft und Zitronensaft eine glatte Soße rühren und mit Salz abschmecken. Über den Salat gießen, jedoch nicht untermischen. Die Tomaten waschen, abtrocknen und achteln, dabei die grünen Stengelansätze abschneiden. Den Salat mit den Tomatenstücken garnieren und rasch servieren.
Der Salat schmeckt als Beilage zu allen dunklen Braten, zu gegrilltem oder gebratenem Fisch und zu Hackfleischgerichten.

Oben: Erbsen-Salat mit Birnen · Unten: Brunnenkresse-Salat mit Ananas

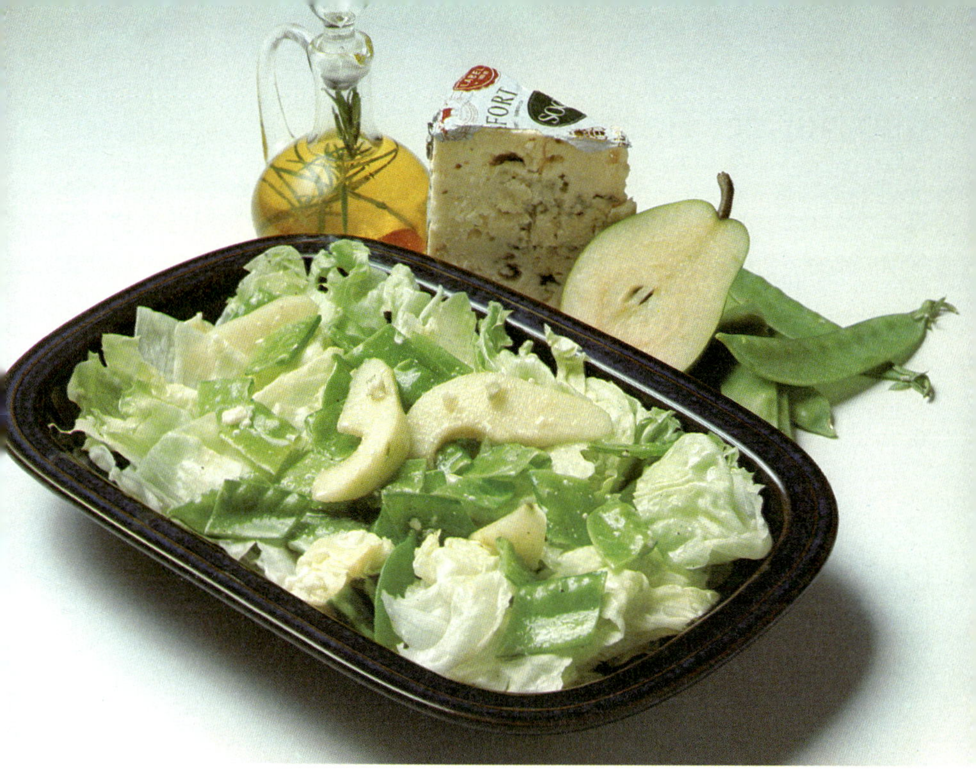
FORT

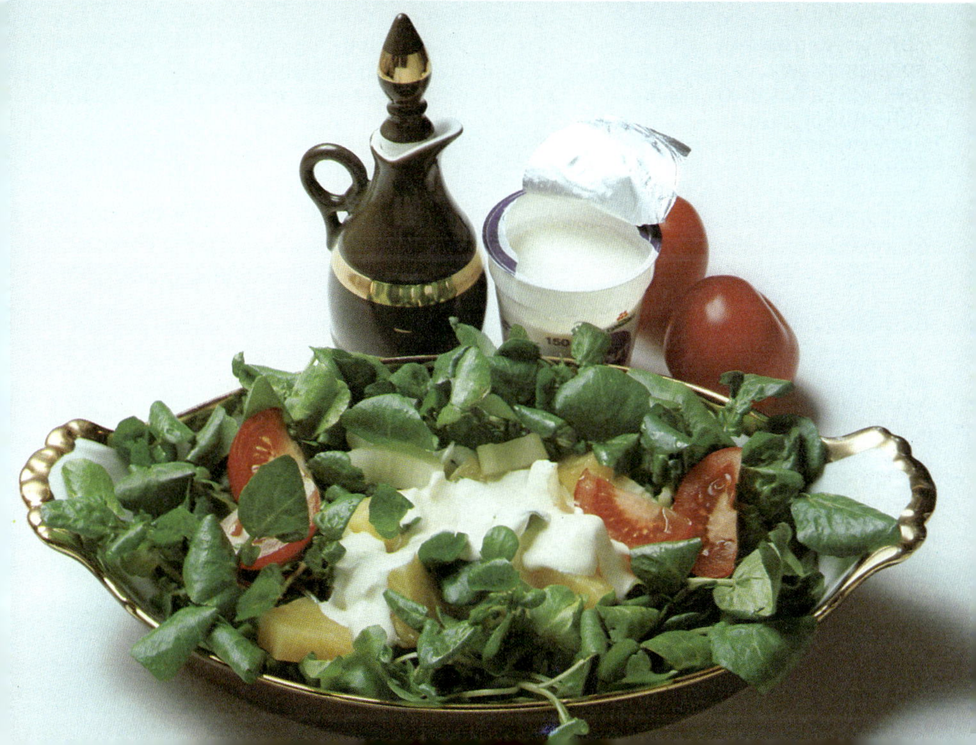
150

Register der Rezepte